GOTTFRIED KELLER

# KLEIDER MACHEN LEUTE

*eldwyla bedeutet nach der älteren Sprache einen wonnigen und sonnigen Ort, und so ist auch in der Tat die kleine Stadt dieses Namens gelegen irgendwo in der Schweiz. Sie steckt noch in den gleichen alten Ringmauern und Türmen wie vor dreihundert Jahren und ist also immer das gleiche Nest ...*

# EINS

An einem unfreundlichen Novembertage wanderte ein armes Schneiderlein auf der Landstraße nach Goldach, einer kleinen reichen Stadt, die nur wenige Stunden von Seldwyla entfernt ist. Der Schneider trug in seiner Tasche nichts als einen Fingerhut, welchen er, in Ermangelung irgendeiner Münze, unablässig zwischen den Fingern drehte, wenn er der Kälte wegen die Hände in die Hosen steckte, und die Finger schmerzten ihn ordentlich von diesem Drehen und Reiben. Denn er hatte wegen ⌈des Falliments⌉ irgendeines Seldwyler Schneidermeisters seinen Arbeitslohn mit der Arbeit zugleich verlieren und auswandern müssen. Er hatte noch nichts gefrühstückt als einige Schneeflocken, die ihm in den Mund geflogen, und er sah noch weniger ab, wo das geringste Mittagbrot herwachsen sollte. Das ⌈Fechten⌉ fiel ihm äußerst schwer, ja schien ihm gänzlich unmöglich, weil er über seinem schwarzen Sonntagskleide, welches sein einziges war, einen weiten dunkelgrauen ⌈Radmantel⌉ trug, mit schwarzem Samt ausgeschlagen, der seinem Träger ein edles und romantisches Aussehen verlieh, zumal dessen lange schwarze Haare und Schnurrbärtchen sorgfältig gepflegt waren und er sich blasser, aber regelmäßiger Gesichtszüge erfreute.

Solcher ⌈Habitus⌉ war ihm zum Bedürfnis geworden, ohne daß er etwas Schlimmes oder Betrügerisches dabei im Schilde führte; vielmehr war er zufrieden, wenn man ihn nur gewähren und im stillen seine Arbeit verrichten ließ; aber lieber wäre er verhungert, als daß er sich von seinem Radmantel und von seiner polnischen Pelzmütze getrennt hätte, die er ebenfalls mit großem Anstand zu tragen wußte.

*des Bankrotts, der Zahlungsunfähigkeit*

*hier: Betteln*

*radförmigen, vornehmen Umhang (vgl. Cape)*

*Gesamterscheinungsbild nach Aussehen und Verhalten*

Er konnte deshalb nur in größeren Städten arbeiten, wo solches nicht zu sehr auffiel; wenn er wanderte und keine Ersparnisse mitführte, geriet er in die größte Not. Näherte er sich einem Hause, so betrachteten ihn die Leute mit Verwunderung und Neugierde und erwarteten eher alles andere, als daß er betteln würde; so erstarben ihm, da er überdies nicht beredt war, die Worte im Munde, also daß er der ⌜Märtyrer⌝ seines Mantels war und Hunger litt, so schwarz wie des letztern ⌜Sammetfutter⌝.

*hier: jemand, der sich für seine Überzeugung opfert*

*Futter aus Samtstoff*

Als er bekümmert und geschwächt eine Anhöhe hinaufging, stieß er auf einen neuen und bequemen Reisewagen, welchen ein herrschaftlicher Kutscher in Basel abgeholt hatte und seinem Herren überbrachte, einem fremden Grafen, der irgendwo in der Ostschweiz auf einem gemieteten oder angekauften alten Schlosse saß. Der Wagen war mit allerlei Vorrichtungen zur Aufnahme des Gepäckes versehen und schien deswegen schwer bepackt zu sein, obgleich alles leer war. Der Kutscher ging wegen des steilen Weges neben den Pferden, und als er, oben angekommen, den Bock wieder bestieg, fragte er den Schneider, ob er sich nicht in den leeren Wagen setzen wolle. Denn es fing eben an zu regnen, und er hatte mit einem Blicke gesehen, daß der Fußgänger sich matt und kümmerlich durch die Welt schlug.

*Angebot*

*weg, fort*

Derselbe nahm das ⌜Anerbieten⌝ dankbar und bescheiden an, worauf der Wagen rasch mit ihm ⌜von dannen⌝ rollte und in einer kleinen Stunde stattlich und donnernd durch den Torbogen von Goldach fuhr. Vor dem ersten Gasthofe, zur Waage genannt, hielt das vornehme Fuhrwerk plötzlich, und alsogleich zog der Hausknecht so heftig an der Glocke, daß der Draht beinahe entzweiging. Da stürzten Wirt und Leute herunter und rissen ⌜den Schlag⌝ auf; Kinder und Nachbarn umringten schon den prächtigen Wagen, neugierig, welch ein Kern sich aus so unerhörter

*die Wagentür*

Schale enthülsen werde, und als der verdutzte Schneider endlich
hervorsprang in seinem Mantel, blaß und schön und ⌜schwermü-
tig⌝ zur Erde blickend, schien er ihnen wenigstens ein geheimnisvoller Prinz oder Grafensohn zu sein. Der Raum zwischen dem
5 Reisewagen und der Pforte des Gasthauses war schmal und im
übrigen der Weg durch die Zuschauer ziemlich gesperrt. Mochte
es nun der Mangel an ⌜Geistesgegenwart⌝ oder an Mut sein, den
Haufen zu durchbrechen und einfach seines Weges zu gehen – er
tat dieses nicht, sondern ließ sich willenlos in das Haus und die
10 Treppe hinan geleiten und bemerkte seine neue seltsame Lage erst
recht, als er sich in einen wohnlichen Speisesaal versetzt sah und
ihm sein ehrwürdiger Mantel ⌜dienstfertig⌝ abgenommen wurde.

»Der Herr wünscht zu speisen?« hieß es, »Gleich wird serviert
werden, es ist eben gekocht!«

15

Ohne eine Antwort abzuwarten, lief der Waagwirt in die Küche
und rief »In drei Teufels Namen! Nun haben wir nichts als Rindfleisch und die Hammelkeule! Die ⌜Rebhuhnpastete⌝ darf ich nicht
anschneiden, da sie für die ⌜Abendherren⌝ bestimmt und verspro-
20 chen ist. So geht es! Den einzigen Tag, wo wir keinen Gast er-
warten und nichts da ist, muß ein solcher Herr kommen! Und der
Kutscher hat ein Wappen auf den Knöpfen, und der Wagen ist
wie der eines Herzogs! Und der junge Mann mag kaum den Mund
öffnen vor Vornehmheit!«
25    Doch die ruhige Köchin sagte: »Nun, was ist denn da zu ⌜lamen-
tieren⌝, Herr? Die Pastete tragen Sie nur ⌜kühn⌝ auf, die wird er doch
nicht aufessen! Die Abendherren bekommen sie dann portionen-
weise, sechs Portionen wollen wir schon noch herauskriegen!«
»Sechs Portionen? Ihr vergeßt wohl, daß die Herren sich satt
30 zu essen gewohnt sind!« meinte der Wirt, allein die Köchin fuhr
unerschüttert fort: »Das sollen sie auch! Man läßt noch schnell ein

niedergeschlagen

Reaktions-
schnelligkeit

eifrig

Rebhuhn in Teig-
hülle, Delikatesse

abendlicher
Herrenstammtisch

jammern, klagen

mutig

halbes Dutzend Kotelettes holen, die brauchen wir sowieso für den Fremden, und was er übrigläßt, schneide ich in kleine Stückchen und menge sie unter die Pastete, da lassen Sie nur mich machen!«

Doch der ⌈wackere⌉ Wirt sagte ernsthaft: »Köchin, ich habe Euch schon einmal gesagt, daß dergleichen in dieser Stadt und in diesem Hause nicht angeht! Wir leben hier ⌈solid⌉ und ehrenfest und ⌈vermögen⌉ es!«

»Ei der Tausend, ja, ja!« rief die Köchin endlich etwas aufgeregt, »wenn man sich denn nicht zu helfen weiß, so opfere man die Sache! Hier sind zwei ⌈Schnepfen⌉, die ich den Augenblick vom Jäger gekauft habe, die kann man am Ende der Pastete zusetzen! Eine mit Schnepfen gefälschte Rebhuhnpastete werden die Leckermäuler nicht beanstanden! Sodann sind auch die Forellen da, die größte habe ich in das siedende Wasser geworfen, wie der merkwürdige Wagen kam, und da kocht auch schon die Brühe im Pfännchen; so haben wir also einen Fisch, das Rindfleisch, das Gemüse mit den Kotelettes, den Hammelbraten und die Pastete; geben Sie nur den Schlüssel, daß man das Eingemachte und den Dessert herausnehmen kann! Und den Schlüssel könnten Sie, Herr! mir mit Ehren und Zutrauen übergeben, damit man Ihnen nicht allerorten nachspringen muß und oft in die größte Verlegenheit gerät!«

*Marginalia:*
- ehrliche (zu »wackere«)
- anständig (zu »solid«)
- können (es uns leisten) (zu »vermögen«)
- Vogelart (zu »Schnepfen«)

»Liebe Köchin! das braucht Ihr nicht übelzunehmen, ich habe meiner seligen Frau am Todbette versprechen müssen, die Schlüssel immer in Händen zu behalten; ⌐sonach¬ geschieht es grundsätzlich und nicht aus Mißtrauen. Hier sind die Gurken und hier die
5 Kirschen, hier die Birnen und hier die Aprikosen; aber das alte Konfekt darf man nicht mehr aufstellen; geschwind soll die Lise zum Zuckerbeck laufen und frisches Backwerk holen, drei Teller, und wenn er eine gute Torte hat, soll er sie auch gleich mitgeben!«
»Aber, Herr! Sie können ja dem einzigen Gaste das nicht alles
10 ⌐aufrechnen¬, das schlägt's beim besten Willen nicht heraus!«
»Tut nichts, es ist um die Ehre! Das bringt mich nicht um; dafür soll ein großer Herr, wenn er durch unsere Stadt reist, sagen können, er habe ein ordentliches Essen gefunden, obgleich er ganz unerwartet und im Winter gekommen sei! Es soll nicht heißen wie von den
15 Wirten zu Seldwyl, die alles Gute selber fressen und den Fremden die Knochen vorsetzen! Also frisch, munter, sputet Euch allerseits!«

Während dieser umständlichen Zubereitungen befand sich der Schneider in der peinlichsten Angst, da der Tisch mit glänzendem
20 Zeuge gedeckt wurde, und so heiß sich der ausgehungerte Mann vor kurzem noch nach einiger Nahrung gesehnt hatte, so ängstlich wünschte er jetzt der drohenden Mahlzeit zu entfliehen. Endlich faßte er sich einen Mut, nahm seinen Mantel um, setzte die Mütze auf und begab sich hinaus, um den Ausweg zu gewinnen. Da
25 er aber in seiner Verwirrung und in dem weitläufigen Hause die Treppe nicht gleich fand, so glaubte der Kellner, den der Teufel beständig umhertrieb, jener suche ⌐eine gewisse Bequemlichkeit¬, rief: »Erlauben Sie gefälligst, mein Herr, ich werde Ihnen den Weg weisen!« und führte ihn durch einen langen Gang, der nirgend an-
30 ders endigte als vor einer schön lackierten Türe, auf welcher eine zierliche Inschrift angebracht war.

Also ging der Mantelträger ohne Widerspruch, sanft wie ein
Lämmlein, dort hinein und schloß ordentlich hinter sich zu. Dort
lehnte er sich bitterlich seufzend an die Wand und wünschte der
anzugehören  goldenen Freiheit der Landstraße wieder ⌜teilhaftig zu sein⌝, welche
ihm jetzt, so schlecht das Wetter war, als das höchste Glück er-  5
schien.

Doch verwickelte er sich jetzt in die erste selbsttätige Lüge,
weil er in dem verschlossenen Raume ein wenig verweilte, und er
betrat hiemit den abschüssigen Weg des Bösen.

10

Unterdessen schrie der Wirt, der ihn gesehen hatte im Mantel
dahingehen: »Der Herr friert! Heizet mehr ein im Saal! Wo ist die
Lise, wo ist die Anne? Rasch einen Korb Holz in den Ofen und
einige Hände voll Späne, daß es brennt! Zum Teufel, sollen die
Leute in der Waage im Mantel zu Tisch sitzen?«  15

¹ bedrückt,  Und als der Schneider wieder aus dem langen Gange hervorge-
bekümmert  wandelt kam, ⌜melancholisch¹⌝ wie der ⌜umgehende Ahnherr²⌝ eines
² Geist des  ⌜Stammschlosses³⌝, begleitete er ihn mit hundert Komplimenten
Vorfahren  und Handreibungen wiederum in den verwünschten Saal hinein.
³ ursprünglicher  Dort wurde er ohne ferneres Verweilen an den Tisch gebeten,  20
Sitz eines  der Stuhl zurechtgerückt, und da der Duft der kräftigen Suppe,
Adelsgeschlechts  dergleichen er lange nicht gerochen, ihn vollends seines Willens
beraubte, so ließ er sich in Gottes Namen nieder und tauchte sofort den schweren Löffel in die braungoldene Brühe. In tiefem
Schweigen erfrischte er seine matten Lebensgeister und wurde mit  25
achtungsvoller Stille und Ruhe bedient.

Als er den Teller geleert hatte und der Wirt sah, daß es ihm so
wohl schmeckte, munterte er ihn höflich auf, noch einen Löffel
voll zu nehmen, das sei gut bei dem rauhen Wetter.

Nun wurde die Forelle aufgetragen, mit Grünem bekränzt, und der Wirt legte ein schönes Stück vor. Doch der Schneider, von Sorgen gequält, wagte in seiner Blödigkeit nicht, das blanke Messer zu brauchen, sondern hantierte schüchtern und zimper-
5 lich mit der silbernen Gabel daran herum. Das bemerkte die Kö-chin, welche zur Türe hereinguckte, den großen Herren zu sehen, und sie sagte zu den Umstehenden: »Gelobt sei Jesus Christ! Der weiß noch einen feinen Fisch zu essen, wie es sich gehört, der sägt nicht mit dem Messer in dem zarten Wesen herum, wie wenn er
10 ein Kalb schlachten wollte. Das ist ein Herr von großem Hause, darauf wollt ich schwören, wenn es nicht verboten wäre! Und wie schön und traurig er ist! Gewiß ist er in ein armes Fräulein ver-liebt, das man ihm nicht lassen will! Ja, ja, die vornehmen Leute haben auch ihre Leiden!«
15 Inzwischen sah der Wirt, daß der Gast nicht trank, und sag-te ehrerbietig: »Der Herr mögen den Tischwein nicht; befehlen Sie vielleicht ein Glas guten Bordeaux, den ich bestens empfehlen kann?«

20 Da beging der Schneider den zweiten selbsttätigen Fehler, in-dem er aus Gehorsam ja statt nein sagte, und alsobald ⌜verfügte    ging, begab sich
sich⌝ der Waagwirt persönlich in den Keller, um eine ausgesuchte Flasche zu holen; denn es lag ihm alles daran, daß man sagen könne, es sei etwas Rechtes im Ort zu haben. Als der Gast von
25 dem eingeschenkten Weine wiederum aus bösem Gewissen ganz kleine Schlücklein nahm, lief der Wirt voll Freuden in die Küche, schnalzte mit der Zunge und rief: »Hol' mich der Teufel, der ver-steht's, der schlürft meinen guten Wein auf die Zunge, wie man einen ⌜Dukaten⌝ auf die Goldwaage legt!«    alte Goldmünze
30 »Gelobt sei Jesus Christ!« sagte die Köchin, »ich hab's ja be-hauptet, daß er's versteht!«

So nahm die Mahlzeit denn ihren Verlauf, und zwar sehr langsam, weil der arme Schneider immer zimperlich und unentschlossen aß und trank und der Wirt, um ihm Zeit zu lassen, die Speisen genugsam stehenließ. Trotzdem war es nicht der Rede wert, was der Gast bis jetzt zu sich genommen; vielmehr begann 5 der Hunger, der immerfort so gefährlich gereizt wurde, nun den Schrecken zu überwinden, und als die Pastete von Rebhühnern erschien, schlug die Stimmung des Schneiders gleichzeitig um, und ein fester Gedanke begann sich in ihm zu bilden. »Es ist jetzt einmal, wie es ist!« sagte er sich, von einem neuen Tröpflein Weines 10 erwärmt und aufgestachelt; »Nun wäre ich ein ⌈Tor⌉, wenn ich die kommende Schande und Verfolgung ertragen wollte, ohne mich dafür satt gegessen zu haben! Also vorgesehen, weil es noch Zeit ist! Das Türmchen, was sie da aufgestellt haben, dürfte leichtlich die letzte Speise sein, daran will ich mich halten, komme, was da 15 wolle! Was ich einmal im Leibe habe, kann mir kein König wieder rauben!«

Gesagt, getan; mit dem Mute der Verzweiflung hieb er in die leckere Pastete, ohne an ein Aufhören zu denken, so daß sie in weniger als fünf Minuten zur Hälfte geschwunden war und die Sache 20 für die Abendherren sehr bedenklich zu werden begann. Fleisch, ⌈Trüffeln⌉, Klößchen, Boden, Deckel, alles schlang er ohne Ansehen der Person hinunter, nur besorgt, sein Ränzchen vollzupacken, ehe das Verhängnis hereinbräche; dazu trank er den Wein in tüchtigen 25 Zügen und steckte große Brotbissen in den Mund; kurz, es war eine so hastig belebte ⌈Einfuhr⌉, wie wenn bei aufsteigendem Gewitter das Heu von der nahen Wiese gleich auf der Gabel in die Scheune geflüchtet wird. Abermals lief der Wirt in die Küche und rief: »Köchin! Er ißt die Pastete auf, während er den Braten kaum berührt 30 hat! Und den Bordeaux trinkt er in halben Gläsern!«

Dummkopf

kostbare unterirdische Pilze, Delikatesse

Nahrungsaufnahme (Einfuhr = Ernte)

»Wohl bekomm es ihm«, sagte die Köchin, »lassen Sie ihn nur machen, der weiß, was Rebhühner sind! Wär' er ein ⌜gemeiner⌝ Kerl, so hätte er sich an den Braten gehalten!«

*gewöhnlicher*

»Ich sag's auch«, meinte der Wirt; »es sieht sich zwar nicht ganz
5 elegant an, aber so hab ich, als ich zu meiner Ausbildung reiste, nur Generäle und ⌜Kapitelsherren⌝ essen sehen!«

*geistliche Würdenträger*

Unterdessen hatte der Kutscher die Pferde füttern lassen und selbst ein handfestes Essen eingenommen in der Stube für das un-
10 tere Volk, und da er Eile hatte, ließ er bald wieder anspannen. Die Angehörigen des Gasthofes zur Waage konnten sich nun nicht länger enthalten und fragten, eh es zu spät wurde, den herrschaftlichen Kutscher geradezu, wer sein Herr da oben sei und wie er heiße? Der Kutscher, ein ⌜schalkhafter⌝ und durchtriebener Kerl,
15 versetzte: »Hat er es noch nicht selbst gesagt?«

*spitzbübischer, listiger*

»Nein«, hieß es, und er erwiderte: »Das glaub ich wohl, der spricht nicht viel in einem Tage; nun, es ist der Graf Strapinski! Er wird aber heut und vielleicht einige Tage hierbleiben, denn er hat mir befohlen, mit dem Wagen vorauszufahren.«
20 Er machte diesen schlechten Spaß, um sich an dem Schneiderlein zu rächen, das, wie er glaubte, statt ihm für seine Gefälligkeit ein Wort des Dankes und des Abschiedes zu sagen, sich ohne Umsehen in das Haus begeben hatte und den Herren spielte. Seine ⌜Eulenspiegelei⌝ aufs Äußerste treibend, bestieg er auch den

*Scherz, Streich*

25 Wagen, ohne nach der ⌜Zeche⌝ für sich und die Pferde zu fragen,

*Rechnung*

schwang die Peitsche und fuhr aus der Stadt, und alles ward so in der Ordnung befunden und dem guten Schneider ⌜aufs Kerbholz gebracht⌝.

*auf die Rechnung gesetzt (Kerbholz = Holzstab für Einkerbungen von Schulden)*

30 Nun mußte es sich aber fügen, daß dieser, ein geborener Schlesier, wirklich Strapinski hieß, Wenzel Strapinski, mochte es nun

der Zufall sein, oder mochte der Schneider sein Wanderbuch im Wagen hervorgezogen, es dort vergessen und der Kutscher es zu sich genommen haben. Genug, als der Wirt freudestrahlend und händereibend vor ihn hintrat und fragte, ob der Herr Graf Strapinski zum Nachtisch ein Glas alten ⌜Tokajer⌝ oder ein Glas 5 Champagner nehme, und ihm meldete, daß die Zimmer soeben zubereitet würden, da erblaßte der arme Strapinski, verwirrte sich von neuem und erwiderte gar nichts.

»Höchst interessant!« brummte der Wirt für sich, indem er abermals in den Keller eilte und aus besondern ⌜Verschlage⌝ nicht 10 nur ein Fläschchen Tokajer, sondern auch ein Krügelchen ⌜Bocksbeutel⌝ holte und eine Champagnerflasche schlechthin unter den Arm nahm. Bald sah Strapinski einen kleinen Wald von Gläsern vor sich, aus welchem der Champagnerkelch wie eine ⌜Pappel⌝ emporragte. Das glänzte, klingelte und duftete gar seltsam vor ihm, 15 und was noch seltsamer war, der arme, aber zierliche Mann griff nicht ungeschickt in das Wäldchen hinein und goß, als er sah, daß der Wirt etwas Rotwein in seinen Champagner tat, einige Tropfen Tokajer in den seinigen. Inzwischen war der Stadtschreiber und der Notar gekommen, um den Kaffee zu trinken und das 20 tägliche Spielchen um denselben zu machen; bald kam auch der ältere Sohn des Hauses Häberlin und ⌜Cie.⌝, der jüngere des Hauses Pütschli-Nievergelt, der Buchhalter einer großen Spinnerei, Herr Melcher Böhni; allein statt ihre Partie zu spielen, gingen sämtliche Herren in weitem Bogen hinter dem polnischen Grafen herum, 25 die Hände in den hintern Rocktaschen, mit den Augen blinzelnd und ⌜auf den Stockzähnen lächelnd⌝. Denn es waren diejenigen Mitglieder guter Häuser, welche ihr Leben lang zu Hause blieben, deren Verwandte und ⌜Genossen⌝ aber in aller Welt saßen, weswegen sie selbst die Welt ⌜sattsam⌝ zu kennen glaubten. 30

Also das sollte ein polnischer Graf sein? Den Wagen hatten sie
freilich von ihrem ⌐Comptoirstuhl⌐ aus gesehen; auch wußte man
nicht, ob der Wirt den Grafen oder dieser jenen bewirte; doch
hatte der Wirt bis jetzt noch keine dummen Streiche gemacht;
5  er war vielmehr als ein ziemlich schlauer Kopf bekannt, und so
wurden denn die Kreise, welche die neugierigen Herren um den
Fremden zogen, immer kleiner, bis sie sich zuletzt vertraulich an
den gleichen Tisch setzten und sich auf gewandte Weise zu dem
Gelage ⌐aus dem Stegreif⌐ einluden, indem sie ohne weiteres um
10  eine Flasche zu würfeln begannen.

Doch tranken sie nicht zuviel, da es noch früh war; dagegen
galt es einen Schluck trefflichen Kaffee zu nehmen und dem ⌐Pola-
cken⌐, wie sie den Schneider bereits heimlich nannten, mit gutem Rauchzeug aufzuwarten, damit er immer mehr röche, wo er
15  eigentlich wäre.

»Darf ich dem Herren Grafen eine ordentliche Zigarre anbie-
ten? Ich habe sie von meinem Bruder auf Kuba direkt bekommen!« sagte der eine.

»Die Herren Polen lieben auch eine gute Zigarette, hier ist ech-
20  ter Tabak aus ⌐Smyrna⌐[1], mein ⌐Kompagnon⌐[2] hat ihn gesendet«, rief
der andere, indem er ein rotseidenes Beutelchen hinschob.

»Dieser aus ⌐Damaskus⌐[3] ist feiner, Herr Graf«, rief der dritte,
»unser dortiger ⌐Prokurist⌐[4] selbst hat ihn für mich besorgt!«

Der vierte streckte einen ⌐ungefügen Zigarrenbengel⌐[5] dar, in-
25  dem er schrie: »Wenn Sie etwas ganz Ausgezeichnetes wollen, so
versuchen Sie diese ⌐Pflanzerzigarre⌐[6] aus ⌐Virginien⌐[7], selbstgezogen,
selbstgemacht und durchaus nicht käuflich!«

Strapinski lächelte sauersüß, sagte nichts und war bald in feine
30  Duftwolken gehüllt, welche von der hervorbrechenden Sonne
lieblich versilbert wurden. Der Himmel entwölkte sich in weni-

---

*Marginal notes:*

Kaufmannsbüro,
von franz.
*compter* = zählen

ohne zu überlegen

abfällig für:
polnischen Mann

[1] Izmir (Türkei)
[2] Geschäftspartner

[3] Hauptstadt Syriens
[4] Angestellter, der
   Geschäfte selbst-
   ständig durchführt
[5] große Zigarre

[6] Plantagenbesitzer
[7] Virginia (USA)

ger als einer Viertelstunde, der schönste Herbstnachmittag trat ein; es hieß, der Genuß der günstigen Stunde sei sich zu gönnen, da das Jahr vielleicht nicht viele solcher Tage mehr brächte; und es wurde beschlossen auszufahren, den fröhlichen Amtsrat auf seinem Gute zu besuchen, der erst vor wenigen Tagen ⌐gekeltert⌐ hatte, und seinen neuen Wein, den roten ⌐Sauser⌐, zu kosten. Pütschli-Nievergelt, Sohn, sandte nach seinem Jagdwagen, und bald schlugen seine jungen ⌐Eisenschimmel⌐ das Pflaster vor der Waage. Der Wirt selbst ließ ebenfalls anspannen, man lud den Grafen zuvorkommend ein, sich anzuschließen und die Gegend etwas kennenzulernen.

Der Wein hatte seinen Witz erwärmt; er überdachte schnell, daß er bei dieser Gelegenheit am besten sich unbemerkt entfernen und seine Wanderung fortsetzen könne; den Schaden sollten die ⌐törichten¹⌐ und ⌐zudringlichen²⌐ Herren an sich selbst behalten. Er nahm daher die Einladung mit einigen höflichen Worten an und bestieg mit dem jungen Pütschli den Jagdwagen.

Nun war es eine weitere Fügung, daß der Schneider, nachdem er auf seinem Dorfe schon als junger Bursch dem Gutsherren zuweilen Dienste geleistet, seine Militärzeit bei den ⌐Husaren⌐ abgedient hatte und demnach genugsam mit Pferden umzugehen verstand. Wie daher sein Gefährte höflich fragte, ob er vielleicht fahren möge, ergriff er sofort Zügel und Peitsche und fuhr in schulgerechter Haltung in raschem Trabe durch das Tor und auf der Landstraße dahin, so daß die Herren einander ansahen und flüsterten: »Es ist richtig, es ist jedenfalls ein Herr!«

## ZWEI

In einer halben Stunde war das Gut des Amtsrates erreicht. Strapinski fuhr in einem prächtigen Halbbogen auf und ließ die feurigen Pferde aufs beste ⌐anprallen⌐; man sprang von den Wagen, der Amtsrat kam herbei und führte die Gesellschaft ins Haus, und

5 alsobald war auch der Tisch mit einem halben Dutzend Karaffen voll ⌐karneolfarbigen⌐ Sausers besetzt. Das heiße gärende Getränk wurde vorerst geprüft, belobt und sodann fröhlich in Angriff genommen, während der Hausherr im Hause ⌐die Kunde⌐ herumtrug, es sei ein vornehmer Graf da, ein Polacke, und eine feinere

10 Bewirtung vorbereitete.

Mittlerweile teilte sich die Gesellschaft in zwei Partien, um das versäumte Spiel nachzuholen, da in diesem Lande keine Männer zusammensein konnten, ohne zu spielen, wahrscheinlich aus an-
15 geborenem Tätigkeitstriebe. Strapinski, welcher die Teilnahme aus verschiedenen Gründen ablehnen mußte, wurde eingeladen zuzusehen, denn das schien ihnen immerhin der Mühe wert, da sie soviel Klugheit und Geistesgegenwart bei den Karten zu entwickeln pflegten. Er mußte sich zwischen beide Partien setzen,
20 und sie legten es nun darauf an, geistreich und gewandt zu spielen und den Gast zu gleicher Zeit zu unterhalten. So saß er denn wie ein kränkelnder Fürst, vor welchem die Hofleute ein angenehmes Schauspiel aufführen und den Lauf der Welt darstellen. Sie erklärten ihm die bedeutendsten Wendungen, Handstreiche und
25 Ereignisse, und wenn die eine Partei für einen Augenblick ihre Aufmerksamkeit ausschließlich dem Spiele zuwenden mußte, so führte die andere dafür um so ⌐angelegentlicher⌐ die Unterhaltung mit dem Schneider. Der beste Gegenstand ⌐dünkte sie⌐ hiefür Pfer-

*Randglossen:*
zum Stehen kommen
rötlichen
die Botschaft
hier: intensiver
schien ihnen

de, Jagd und dergleichen; Strapinski wußte hier auch am besten
Bescheid; denn er brauchte nur die Redensarten hervorzuholen,
welche er einst in der Nähe von Offizieren und Gutsherren gehört
und die ihm schon dazumal ausnehmend wohl gefallen hatten.
Wenn er diese Redensarten auch nur sparsam, mit einer gewissen 5
Bescheidenheit und stets mit einem schwermütigen Lächeln vor-
brachte, so erreichte er damit nur eine größere Wirkung; wenn
zwei oder drei von den Herren aufstanden und etwa zur Seite traten, so sagten sie: »Es ist ein vollkommener ⌜Junker⌝!«

*adliger*
*Gutsbesitzer*

10

Nur Melcher Böhni, der Buchhalter, als ein geborener Zweifler,
rieb sich vergnügt die Hände und sagte zu sich selbst: Ich sehe es
kommen, daß es wieder einen Goldacher ⌜Putsch⌝ gibt, ja, er ist gewissermaßen schon da! Es war aber auch Zeit, denn schon sind's
zwei Jahre seit dem letzten! Der Mann dort hat mir so wunder- 15
lich zerstochene Finger, vielleicht von ⌜Praga oder Ostrolenka⌝ her!
Nun, ich, werde mich hüten, den Verlauf zu stören!

*hier: Skandal*

*Schauplätze*
*des polnischen*
*Freiheitskampfs*

Die beiden Partien waren nun zu Ende, auch das Sausergelüs-
te der Herren gebüßt, und sie zogen nun vor, sich an den alten 20
Weinen des Amtsrates ein wenig abzukühlen, die jetzt gebracht
wurden; doch war die Abkühlung etwas leidenschaftlicher Natur,
indem sofort, um nicht in ⌜schnöden Müßiggang⌝ zu verfallen, ein
allgemeines ⌜Hasardspiel⌝ vorgeschlagen wurde. Man mischte die
Karten, jeder warf einen ⌜Brabantertaler⌝ hin, und als die Reihe 25
an Strapinski war, konnte er nicht wohl seinen Fingerhut auf den
Tisch setzen. »Ich habe nicht ein solches Geldstück«, sagte er errötend; aber schon hatte Melcher Böhni, der ihn beobachtet, für ihn
eingesetzt, ohne daß jemand darauf achtgab; denn alle waren viel
zu behaglich, als daß sie auf ⌜den Argwohn⌝ geraten wären, jemand 30
in der Welt könne kein Geld haben. Im nächsten Augenblicke

*verachtenswerte*
*Untätigkeit*

*Glücksspiel*

*belgische*
*Silbermünze*

*das Misstrauen*

20

wurde dem Schneider, der gewonnen hatte, der ganze Einsatz zugeschoben; verwirrt ließ er das Geld liegen, und Böhni besorgte für ihn das zweite Spiel, welches ein anderer gewann, sowie das dritte. Doch das vierte und fünfte gewann wiederum der Polacke, der allmählich aufwachte und sich in die Sache fand. Indem er sich still und ruhig verhielt, spielte er mit abwechselndem Glücke; einmal kam er bis auf einen Taler herunter, den er setzen mußte, gewann wieder, und zuletzt, als man das Spiel satt bekam, besaß er einige ⌈Louisdors⌉, mehr als er jemals in seinem Leben besessen, welche er, als er sah, daß jedermann sein Geld einsteckte, ebenfalls zu sich nahm, nicht ohne Furcht, daß alles ein Traum sei. Böhni, welcher ihn fortwährend scharf betrachtete, war jetzt fast im klaren über ihn und dachte: Den Teufel fährt der in einem vierspännigen Wagen!

Weil er aber zugleich bemerkte, daß der rätselhafte Fremde keine Gier nach dem Gelde gezeigt, sich überhaupt bescheiden und nüchtern verhalten hatte, so war er nicht übel gegen ihn gesinnt, sondern beschloß, die Sache durchaus gehen zu lassen.

französische Goldmünze, nach Ludwig XIII.

Aber der Graf Strapinski, als man sich vor dem Abendessen
im Freien ⌐erging⌐¹, nahm ⌐jetzo⌐² seine Gedanken zusammen und
hielt den rechten Zeitpunkt einer geräuschlosen ⌐Beurlaubung⌐
für gekommen. Er hatte ein ⌐artiges⌐ Reisegeld und nahm sich vor,
dem Wirt zur Waage von der nächsten Stadt aus sein aufgedrun-      5
genes Mittagsmahl zu bezahlen. Also schlug er seinen Radmantel malerisch um, drückte die Pelzmütze tiefer in die Augen und
schritt unter einer Reihe von hohen ⌐Akazien⌐ in der Abendsonne
langsam auf und nieder, das schöne Gelände betrachtend oder
vielmehr den Weg erspähend, den er einschlagen wollte. Er nahm  10
sich mit seiner bewölkten Stirne, seinem lieblichen, aber schwermütigen Mundbärtchen, seinen glänzenden schwarzen Locken,
seinen dunklen Augen, im Wehen seines faltigen Mantels vortreff-
lich aus; der Abendschein und das Säuseln der Bäume über ihm
erhöhte den Eindruck, so daß die Gesellschaft ihn von ferne mit   15
Aufmerksamkeit und Wohlwollen betrachtete. Allmählich ging
er immer etwas weiter vom Hause hinweg, schritt durch ein Ge-
büsch, hinter welchem ein Feldweg vorüberging, und als er sich
vor den Blicken der Gesellschaft gedeckt sah, wollte er eben mit
festem Schritt ins Feld rücken, als um eine Ecke herum plötzlich   20
der Amtsrat mit seiner Tochter ⌐Nettchen⌐ ihm entgegentrat. Nettchen war ein hübsches Fräulein, äußerst prächtig, etwas ⌐stutzer-
haft⌐ gekleidet und mit Schmuck reichlich verziert.

»Wir suchen Sie, Herr Graf!« rief der Amtsrat, »damit ich Sie erstens   25
hier meinem Kinde vorstelle, und zweitens, um Sie zu bitten, daß
Sie uns die Ehre erweisen möchten, einen Bissen Abendbrot mit
uns zu nehmen; die anderen Herren sind bereits im Hause.«
Der Wanderer nahm schnell seine Mütze vom Kopfe und
machte ehrfurchtsvolle, ja furchtsame Verbeugungen, von Rot   30
übergossen. Denn eine neue Wendung war eingetreten, ein Fräu-

¹ spazieren ging
² jetzt
Abgang
ordentliches, gutes

Laubbaum

Koseform von
Namen auf -nette

übertrieben
modisch,
angeberisch

22

lein beschritt den Schauplatz der Ereignisse. Doch schadete ihm
seine Blödigkeit und übergroße Ehrerbietung nichts bei der
Dame; im Gegenteil, die Schüchternheit, ⌈Demut⌉ und Ehrerbie- — Ergebenheit
tung eines so vornehmen und interessanten jungen Edelmanns
5 erschien ihr wahrhaft rührend, ja hinreißend. Da sieht man, fuhr
es ihr durch den Sinn, je ⌈nobler⌉, desto bescheidener und unver- — vornehmer
dorbener; merkt es euch, ihr ⌈Herren Wildfänge⌉ von Goldach, die — Männer ohne
Manieren
ihr vor jungen Mädchen kaum mehr den Hut berührt!

Sie grüßte den Ritter daher ⌈auf das holdseligste⌉, indem sie — anmutig,
ihm zugetan
10 auch lieblich errötete, und sprach sogleich hastig und schnell und
vieles mit ihm, wie es die Art ⌈behaglicher⌉ Kleinstädterinnen ist, — aparter, hübscher
die sich den Fremden zeigen wollen. Strapinski hingegen wandel-
te sich in kurzer Zeit um; während er bisher nichts getan hatte,
um im geringsten in die Rolle einzugehen, die man ihm aufbür-
15 dete, begann er nun unwillkürlich etwas ⌈gesuchter⌉ zu sprechen — gehobener, feiner
und mischte allerhand polnische Brocken in die Rede, kurz, das
⌈Schneiderblütchen fing in der Nähe des Frauenzimmers an, seine — er will sie
beeindrucken,
Sprünge zu machen und seinen Reiter davonzutragen⌉. wird übermütig

20 Am Tisch erhielt er den Ehrenplatz neben der Tochter des Hauses;
denn die Mutter war gestorben. Er wurde zwar bald wieder melancholisch, da er bedachte, nun müsse er mit den andern wieder
in die Stadt zurückkehren oder gewaltsam in die Nacht hinaus
entrinnen, und da er ferner überlegte, wie vergänglich das Glück
25 sei, welches er jetzt genoß. Aber dennoch empfand er dies Glück
und sagte sich zum voraus: Ach, einmal wirst du doch in deinem
Leben etwas vorgestellt und neben einem solchen höhern Wesen
gesessen haben.

Es war in der Tat keine Kleinigkeit, eine Hand neben sich
30 glänzen zu sehen, die von drei oder vier Armbändern klirrte,
und bei einem flüchtigen Seitenblick jedesmal einen abenteuer-

*bezauberndes*

lich und reizend frisierten Kopf, ein ⌐holdes⌐ Erröten, einen vollen Augenaufschlag zu sehen. Denn er mochte tun oder lassen, was er wollte, alles wurde als ungewöhnlich und nobel ausgelegt und die Ungeschicklichkeit selbst als merkwürdige Unbefangenheit liebenswürdig befunden von der jungen Dame, welche sonst stundenlang über gesellschaftliche Verstöße zu plaudern wußte. Da man guter Dinge war, sangen ein paar Gäste Lieder, die in den dreißiger Jahren Mode waren. Der Graf wurde gebeten, ein polnisches Lied zu singen. Der Wein überwand seine Schüchternheit endlich, obschon nicht seine Sorgen; er hatte einst einige Wochen im Polnischen gearbeitet und wußte einige polnische Worte, sogar ein Volksliedchen auswendig, ohne ihres Inhaltes bewußt zu sein, gleich einem Papagei. Also sang er mit edlem Wesen, mehr zaghaft als laut und mit einer Stimme, welche wie von einem geheimen Kummer leise zitterte, auf polnisch:

*polnische Flüsse*

Hunderttausend Schweine pferchen
Von der ⌐Desna bis zur Weichsel⌐,
Und Kathinka, dieses Saumensch,
Geht im Schmutz bis an die Knöchel!
Hunderttausend Ochsen brüllen
Auf ⌐Wolhyniens⌐ grünen Weiden,
Und Kathinka, ja Kathinka,
Glaubt, ich sei in sie verliebt!

*ehemals polnisches Gebiet, heute ukrainisch*

»Bravo! Bravo!« riefen alle Herren, mit den Händen klatschend, und Nettchen sagte gerührt: »Ach, das Nationale ist immer so schön!« Glücklicherweise verlangte niemand die Übersetzung dieses Gesanges.

24

Mit dem Überschreiten solchen Höhepunktes der Unterhaltung
brach die Gesellschaft auf; der Schneider wurde wieder eingepackt
und sorgfältig nach Goldach zurückgebracht; vorher hatte er versprechen müssen, nicht ohne Abschied davonzureisen. Im Gast-
hof zur Waage wurde noch ein Glas Punsch genommen; jedoch
Strapinski war erschöpft und verlangte nach dem Bette. Der Wirt
selbst führte ihn auf seine Zimmer, deren Stattlichkeit er kaum
mehr beachtete, obgleich er nur gewohnt war, in ⌐dürftigen⌐ Her-  *ärmlichen*
bergskammern zu schlafen. Er stand ohne alle und jede Habse-
ligkeit mitten auf einem schönen Teppich, als der Wirt plötzlich
den Mangel an Gepäck entdeckte und sich vor die Stirne schlug.
Dann lief er schnell hinaus, schellte, rief Kellner und Hausknech-
te herbei, wortwechselte mit ihnen, kam wieder und beteuerte:
»Es ist richtig, Herr Graf, man hat vergessen, Ihr Gepäck abzu-
laden! Auch das Notwendigste fehlt!«

»Auch das kleine Paketchen, das im Wagen lag?« fragte Strapinski ängstlich, weil er an ein handgroßes Bündelein dachte, welches er auf dem Sitze hatte liegenlassen und das ein Schnupftuch,
eine Haarbürste, einen Kamm, ein Büchschen Pomade und einen
Stengel ⌐Bartwichse⌐ enthielt.                                          *Bartwachs,*
                                                                        *-pomade*
»Auch dieses fehlt, es ist gar nichts da«, sagte der gute Wirt erschrocken, weil er darunter etwas sehr Wichtiges vermutete. »Man
muß dem Kutscher sogleich einen ⌐Expressen⌐ nachschicken«, rief  *Eilboten*
er eifrig, »ich werde das besorgen!«

Doch der Herr Graf fiel ihm ebenso erschrocken in den Arm
und sagte bewegt: »Lassen Sie, es darf nicht sein! Man muß meine
Spur verlieren für einige Zeit«, setzte er hinzu, selbst betreten über
diese Erfindung.

Der Wirt ging erstaunt zu den Punsch trinkenden Gästen, er-
zählte ihnen den Fall und schloß mit dem Ausspruche, daß der
Graf unzweifelhaft ein Opfer politischer oder der Familienverfol-

gung sein müsse; denn um eben diese Zeit wurden viele Polen und andere Flüchtlinge wegen gewaltsamer Unternehmungen des Landes verwiesen; andere wurden von fremden Agenten beobachtet und umgarnt.

Strapinski aber tat einen guten Schlaf, und als er spät erwachte, sah er zunächst den prächtigen Sonntagsschlafrock des Waagwirtes über einen Stuhl gehängt, ferner ein Tischchen mit allem möglichen Toilettenwerkzeug bedeckt. Sodann harrten eine Anzahl Dienstboten, um Körbe und Koffer, angefüllt mit feiner Wä- 10 sche, mit Kleidern, mit Zigarren, mit Büchern, mit Stiefeln, mit Schuhen, mit Sporen, mit Reitpeitschen, mit Pelzen, mit Mützen, mit Hüten, mit Socken, mit Strümpfen, mit Pfeifen, mit Flöten und Geigen, abzugeben von seiten der gestrigen Freunde, mit der angelegentlichen Bitte, sich dieser Bequemlichkeiten einstweilen 15 bedienen zu wollen. Da sie die Vormittagsstunden unabänderlich in ihren Geschäften verbrachten, ließen sie ihre Besuche auf die Zeit nach Tisch ansagen.

keinesfalls    Diese Leute waren ⌈nichts weniger als⌉ lächerlich oder einfäl-
beschränkt   tig, sondern umsichtige Geschäftsmänner, mehr schlau als ⌈ver- 20 nagelt⌉; allein da ihre wohlbesorgte Stadt klein war und es ihnen manchmal langweilig darin vorkam, waren sie stets begierig auf eine Abwechslung, ein Ereignis, einen Vorgang, dem sie sich ohne Rückhalt hingaben. Der vierspännige Wagen, das Aussteigen des Fremden, sein Mittagessen, die Aussage des Kutschers waren so 25 einfache und natürliche Dinge, daß die Goldacher, welche keinem müßigen Argwohn nachzuhängen pflegten, ein Ereignis darauf aufbauten wie auf einen Felsen.

Als Strapinski das Warenlager sah, das sich vor ihm ausbreitete, 30 war seine erste Bewegung, daß er in seine Tasche griff, um zu er-

26

fahren, ob er träume oder wache. Wenn sein Fingerhut dort noch
in seiner Einsamkeit weilte, so träumte er. Aber nein, der Fingerhut wohnte ⌜traulich⌝ zwischen dem gewonnenen Spielgelde     gemütlich
und scheuerte sich freundschaftlich an den Talern; so ergab sich
5 auch sein Gebieter wiederum in das ⌜Ding⌝ und stieg von seinen     hier: seine Lage
Zimmern herunter auf die Straße, um sich die Stadt zu besehen,
in welcher es ihm so wohl erging. Unter der Küchentüre stand
die Köchin, welche ihm einen tiefen Knicks machte und ihm mit
neuem Wohlgefallen nachsah; auf dem Flur und an der Haustü-
10 re standen andere ⌜Hausgeister⌝, alle mit der Mütze in der Hand,     Hauspersonal
und Strapinski schritt mit gutem Anstand und doch bescheiden
hinaus, seinen Mantel sittsam zusammennehmend. Das Schicksal
machte ihn mit jeder Minute größer.

15 Mit ganz anderer Miene besah er sich die Stadt, als wenn er um
Arbeit darin ausgegangen wäre. Dieselbe bestand größtenteils aus
schönen, festgebauten Häusern, welche alle mit steinernen oder
gemalten Sinnbildern geziert und mit einem Namen versehen waren. In diesen Benennungen war die Sitte der Jahrhunderte deut-
20 lich zu erkennen. Das Mittelalter spiegelte sich ab in den ältesten
Häusern oder in den Neubauten, welche an deren Stelle getreten,
aber den alten Namen behalten aus der Zeit der kriegerischen
⌜Schultheiße⌝[1] und der Märchen. Da hieß es zum Schwert, zum ⌜Ei-     [1] Bürgermeister,
Gemeindevorsteher
senhut[2]⌝, zum ⌜Harnisch[3]⌝, zur Armbrust, zum blauen Schild, zum     [2] hier: Helmform
25 Schweizerdegen, zum Ritter, zum ⌜Büchsenstein[4]⌝, zum Türken,     [3] Brustpanzer
[4] Feuerstein zum
zum ⌜Meerwunder[5]⌝, zum goldnen Drachen, zur Linde, zum Pil-     Zünden alter
gerstab, zur Wasserfrau, zum Paradiesvogel, zum ⌜Granatbaum[6]⌝,     Schusswaffen
[5] Kupferstich von
zum ⌜Kämbel[7]⌝, zum Einhorn und dergleichen. Die Zeit der Auf-     Albrecht Dürer
klärung und der ⌜Philanthropie[8]⌝ war deutlich zu lesen in den     [6] Granatapfelbaum
[7] Kamel
30 moralischen Begriffen, welche in schönen Goldbuchstaben über     [8] Menschenfreund-
den Haustüren erglänzten, wie zur Eintracht, zur ⌜Redlichkeit[9]⌝,     lichkeit
[9] Ehrlichkeit

zur alten Unabhängigkeit, zur neuen Unabhängigkeit, zur Bürgertugend a, zur Bürgertugend b, zum Vertrauen, zur Liebe, zur Hoffnung, zum Wiedersehen 1 und 2, zum Frohsinn, zur inneren Rechtlichkeit, zur äußeren Rechtlichkeit, zum Landeswohl (ein reinliches Häuschen, in welchem hinter einem Kanarien⌐käficht⌐, ganz mit Kresse behängt, eine freundliche alte Frau saß mit einer weißen Zipfelhaube und Garn ⌐haspelte⌐), zur Verfassung (unten hauste ein ⌐Böttcher⌐, welcher eifrig und mit großem Geräusch kleine Eimer und Fäßchen mit Reifen einfaßte und unablässig klopfte); ein Haus hieß schauerlich: zum Tod, ein verwaschenes Gerippe erstreckte sich von unten bis oben zwischen den Fenstern; hier wohnte der ⌐Friedensrichter⌐. Im Hause ›Zur Geduld‹ wohnte der Schuldenschreiber, ein ausgehungertes Jammerbild, da in dieser Stadt keiner dem andern etwas schuldig blieb.

Endlich verkündete sich an den neuesten Häusern die Poesie der Fabrikanten, Bankiere und Spediteure und ihrer Nachahmer in den wohlklingenden Namen Rosental, Morgental, Sonnenberg, Veilchenburg, Jugendgarten, Freudenberg, Henriettental, zur Camelia, Wilhelminenburg usw. Die an Frauennamen gehängten Täler und Burgen bedeuteten für den ⌐Kundigen⌐ immer ein schönes ⌐Weibergut⌐.

An jeder Straßenecke stand ein alter Turm mit reichem Uhrwerk, buntem Dach und zierlich vergoldeter ⌐Windfahne⌐. Diese Türme waren sorgfältig erhalten; denn die Goldacher erfreuten sich der Vergangenheit und der Gegenwart und taten auch recht daran. Die ganze Herrlichkeit war aber von der alten Ringmauer eingefaßt, welche, obwohl nichts mehr nütze, dennoch zum Schmucke beibehalten wurde, da sie ganz mit dichtem altem Efeu überwachsen war und so die kleine Stadt mit einem immergrünen Kranze umschloß.

---

Marginal glosses:

Käfig

auf-, abwickelte

Handwerker, der Fässer/Bütten herstellt

gewählter Streitschlichter

Kenner; Wissenden

von Frauen in die Ehe mitgebrachter Besitz

Anzeiger der Windrichtung, oft Dekoration

Alles dieses machte einen wunderbaren Eindruck auf Strapinski; er glaubte sich in einer anderen Welt zu befinden. Denn als er die Aufschriften der Häuser las, dergleichen er noch nicht gesehen, war er der Meinung, sie bezögen sich auf die besondern Geheimnisse und Lebensweisen jedes Hauses und es sähe hinter jeder Haustüre wirklich so aus, wie die Überschrift angab, so daß er in eine Art moralisches ⌈Utopien⌉ hineingeraten wäre. So war er geneigt zu glauben, die wunderliche Aufnahme, welche er gefunden, hänge hiemit im Zusammenhang, so daß z. B. das Sinnbild der Waage, in welcher er wohnte, bedeute, daß dort das ungleiche Schicksal abgewogen und ausgeglichen und zuweilen ein reisender Schneider zum Grafen gemacht würde.

Traumwelt

L Er geriet auf seiner Wanderung auch vor das Tor, und wie er nun so über das freie Feld hinblickte, meldete sich zum letzten Male der pflichtgemäße Gedanke, seinen Weg ⌐unverweilt⌐ fort-zusetzen. Die Sonne schien, die Straße war schön, fest, nicht zu trocken und auch nicht zu naß, zum Wandern wie gemacht. Rei- 5
segel hatte er nun auch, so daß er angenehm einkehren konnte, wo er Lust dazu verspürte, und kein Hindernis war zu erspähen.

*ohne Pause*

Da stand er nun, gleich dem Jüngling am ⌐Scheidewege⌐, auf einer wirklichen Kreuzstraße; aus dem Lindenkranze, welcher die Stadt umgab, stiegen gastliche Rauchsäulen, die goldenen Turm- 10
knöpfe funkelten lockend aus den Baumwipfeln, Glück, Genuß und Verschuldung, ein geheimnisvolles Schicksal winkten dort; von der Feldseite her aber glänzte die freie Ferne; Arbeit, Ent-behrung, Armut, Dunkelheit harrten dort, aber auch ein gutes Gewissen und ein ruhiger Wandel; dieses fühlend, wollte er denn 15
auch entschlossen ins Feld abschwenken. Im gleichen Augenbli-cke rollte ein rasches Fuhrwerk heran; es war das Fräulein von ges-tern, welches mit wehendem blauem Schleier ganz allein in einem schmucken leichten Fuhrwerke saß, ein schönes Pferd regierte und nach der Stadt fuhr. Sobald Strapinski nur an seine Mütze 20
griff und dieselbe demütig vor seine Brust nahm in seiner Über-raschung, verbeugte sich das Mädchen rasch errötend gegen ihn, aber überaus freundlich, und fuhr in großer Bewegung, das Pferd zum Galopp antreibend, davon.

*Wegkreuzung vor einer Entscheidung*

Strapinski aber machte unwillkürlich ganze Wendung und 25
kehrte ⌐getrost⌐ nach der Stadt zurück. Noch an demselben Tage galoppierte er auf dem besten Pferde der Stadt, an der Spitze einer ganzen Reitergesellschaft, durch die Allee, welche um die grüne Ringmauer führte, und die fallenden Blätter der Linden tanzten wie ein goldener Regen um sein ⌐verklärtes⌐ Haupt. 30

*mit frischem Mut*

*glückseliges*

# DREI

Nun war der Geist in ihn gefahren. Mit jedem Tage wandelte er sich, gleich einem Regenbogen, der zusehends bunter wird an der vorbrechenden Sonne. Er lernte in Stunden, in Augenblicken, was andere nicht in Jahren, da es in ihm gesteckt
5 hatte wie das ⌐Farbenwesen⌐ im Regentropfen. Er beachtete wohl    Farbenspiel
die Sitten seiner Gastfreunde und bildete sie während des Beobachtens zu einem Neuen und Fremdartigen um; besonders suchte er abzulauschen, was sie sich eigentlich unter ihm dächten und was für ein Bild sie sich von ihm gemacht. Dies Bild arbeitete er
10 weiter aus nach seinem eigenen Geschmacke, zur vergnüglichen Unterhaltung der einen, welche gern etwas Neues sehen wollten, und zur Bewunderung der anderen, besonders der Frauen, welche nach erbaulicher Anregung dürsteten. So ward er rasch zum Helden eines artigen Romanes, an welchem er gemeinsam mit der
15 Stadt und liebevoll arbeitete, dessen Hauptbestandteil aber immer noch das Geheimnis war.

Bei alldem erlebte Strapinski, was er in seiner Dunkelheit früher nie gekannt, eine schlaflose Nacht um die andere, und es ist mit
20 ⌐Tadel⌐ hervorzuheben, daß es ebensoviel die Furcht vor der Schan-    Kritik
de, als armer Schneider entdeckt zu werden und dazustehen, als das ehrliche Gewissen war, was ihm den Schlaf raubte. Sein angeborenes Bedürfnis, etwas Zierliches und Außergewöhnliches vorzustellen, wenn auch nur in der Wahl der Kleider, hatte ihn in
25 diesen Konflikt geführt und brachte jetzt auch jene Furcht hervor, und sein Gewissen war nur insoweit mächtig, daß er beständig den Vorsatz nährte, bei guter Gelegenheit einen Grund zur Abreise zu finden und dann durch Lotteriespiel und dergleichen die

Mittel zu gewinnen, aus geheimnisvoller Ferne alles zu vergüten, um was er die gastfreundlichen Goldacher gebracht hatte. Er ließ sich auch schon aus allen Städten, wo es Lotterien oder Agenten derselben gab, Lose kommen mit mehr oder weniger bescheidenem Einsatze, und die daraus entstehende Korrespondenz, der Empfang der Briefe, wurde wiederum als ein Zeichen wichtiger Beziehungen und Verhältnisse vermerkt.

Losverkäufer der Lotterie

Schon hatte er mehr als einmal ein paar Gulden gewonnen und dieselben sofort wieder zum Erwerb neuer Lose verwendet, als er eines Tages von einem fremden ⌜Kollekteur⌝, der sich aber Bankier nannte, eine namhafte Summe empfing, welche hinreichte, jenen Rettungsgedanken auszuführen. Er war bereits nicht mehr erstaunt über sein Glück, das sich von selbst zu verstehen schien, fühlte sich aber doch erleichtert und besonders dem guten Waagwirt gegenüber beruhigt, welchen er seines guten Essens wegen sehr wohl leiden mochte. Anstatt aber kurz abzubinden, seine Schulden gradaus zu bezahlen und abzureisen, gedachte er, wie er sich vorgenommen, eine kurze Geschäftsreise vorzugehen, dann aber von irgendeiner großen Stadt aus zu melden, daß das unerbittliche Schicksal ihm verbiete, je wiederzukehren; dabei wolle er seinen Verbindlichkeiten nachkommen, ein gutes Andenken hinterlassen und seinem Schneiderberufe sich aufs neue und mit mehr Umsicht und Glück widmen oder auch sonst einen anständigen Lebensweg erspähen. Am liebsten wäre er freilich auch als Schneidermeister in Goldach geblieben und hätte jetzt die Mittel gehabt, sich da ein bescheidenes Auskommen zu begründen; allein es war klar, daß er hier nur als Graf leben konnte.

Wegen des sichtlichen Vorzuges und Wohlgefallens, dessen er sich bei jeder Gelegenheit von Seite des schönen Nettchens zu erfreuen hatte, waren schon manche Redensarten im Umlauf, und er hatte sogar bemerkt, daß das Fräulein hin und wieder die Gräfin genannt wurde. Wie konnte er diesem Wesen nun eine solche Entwicklung bereiten? Wie konnte er das Schicksal, das ihn gewaltsam so erhöht hatte, so ⌐frevelhaft⌐ Lügen strafen und sich selbst beschämen?

verwerflich, sündhaft

Er hatte von seinem Lotteriemann, genannt Bankier, einen ⌐Wechsel⌐ bekommen, welchen er bei einem Goldacher Haus ⌐einkassierte⌐; diese ⌐Verrichtung⌐ bestärkte abermals die günstigen Meinungen über seine Person und Verhältnisse, da die soliden Handelsleute nicht im entferntesten an einen Lotterieverkehr dachten. An demselben Tage nun begab sich Strapinski auf einen stattlichen Ball, zu dem er geladen war. In tiefes, einfaches Schwarz gekleidet, erschien er und verkündete sogleich den ihn Begrüßenden, daß er genötigt sei zu verreisen.

Schuldschein

in Geld umtauschte

Handlung

In zehn Minuten war die Nachricht der ganzen Versammlung bekannt, und Nettchen, deren Anblick Strapinski suchte, schien, wie erstarrt, seinen Blicken auszuweichen, bald rot, bald blaß werdend. Dann tanzte sie mehrmals hintereinander mit jungen Herren, setzte sich zerstreut und schnell atmend und schlug eine Einladung des Polen, der endlich herangetreten war, mit einer kurzen Verbeugung aus, ohne ihn anzusehen.

Seltsam aufgeregt und bekümmert ging er hinweg, nahm seinen ⌐famosen⌐ Mantel um und schritt mit wehenden Locken in einem Gartenwege auf und nieder. Es wurde ihm nun klar, daß er eigentlich nur dieses Wesens halber so lange dageblieben sei, daß die unbestimmte Hoffnung, doch wieder in ihre Nähe zu kommen, ihn unbewußt belebe, daß aber der ganze Handel eben eine Unmöglichkeit darstelle von der verzweifeltsten Art.

großartigen

Wie er so dahinschritt, hörte er rasche Tritte hinter sich, leich-
te, doch unruhig bewegte. Nettchen ging an ihm vorüber und
schien, nach einigen ausgerufenen Worten zu urteilen, nach ihrem Wagen zu suchen, obgleich derselbe auf der anderen Seite des
Hauses stand und hier nur Winterkohlköpfe und eingewickelte ⌐5
Rosenbäumchen den ⌈Schlaf der Gerechten⌉ verträumten. Dann

*tiefen und
festen Schlaf*

kam sie wieder zurück, und da er jetzt mit klopfendem Herzen
ihr im Wege stand und bittend die Hände nach ihr ausstreckte,
fiel sie ihm ohne weiteres um den Hals und fing jämmerlich an zu
weinen. Er bedeckte ihre glühenden Wangen mit seinen fein duf- 10
tenden dunklen Locken, und sein Mantel umschlug die schlanke,
stolze, schneeweiße Gestalt des Mädchens wie mit schwarzen Ad-
lerflügeln; es war ein wahrhaft schönes Bild, das seine Berechti-
gung ganz allein in sich selbst zu tragen schien.

15

Strapinski aber verlor in diesem Abenteuer seinen Verstand und

*zugeneigt,
begünstigend*

gewann das Glück, das öfter den Unverständigen ⌈hold⌉ ist. Nettchen eröffnete ihrem Vater noch in selbiger Nacht beim Nach-

*ihr Gatte,
Ehemann*

hausefahren, daß kein anderer als der Graf ⌈der Ihrige⌉ sein werde;
dieser erschien am Morgen in aller Frühe, um bei dem Vater lie- 20
benswürdig schüchtern und melancholisch, wie immer, um sie zu
werben, und der Vater hielt folgende Rede:

*unvernünftigen,
naiven*

»So hat sich denn das Schicksal und der Wille dieses ⌈törichten⌉
Mädchens erfüllt! Schon als Schulkind behauptete sie fortwährend, nur einen Italiener oder einen Polen, einen großen Pianis- 25
ten oder einen Räuberhauptmann mit schönen Locken heiraten
zu wollen, und nun haben wir die Bescherung! Alle inländischen
wohlmeinenden Anträge hat sie ausgeschlagen, noch neulich
mußte ich den gescheiten und tüchtigen Melchior Böhni heim-
schicken, der noch große Geschäfte machen wird, und sie hat ihn 30
noch schrecklich verhöhnt, weil er nur ein rötliches Backenbärt-

chen trägt und aus einem silbernen Döschen schnupft! Nun, Gott
sei Dank, ist ein polnischer Graf da aus wildester Ferne! Nehmen
Sie die Gans, Herr Graf, und schicken Sie mir dieselbe wieder,
wenn sie in Ihrer Polackei friert und einst unglücklich wird und
heult! Nun, was würde die selige Mutter für ein Entzücken ge-
nießen, wenn sie noch erlebt hätte, daß das verzogene Kind eine
Gräfin geworden ist!«

Nun gab es große Bewegung; in wenig Tagen sollte rasch die Verlobung gefeiert werden, denn der Amtsrat behauptete, daß der
künftige Schwiegersohn sich in seinen Geschäften und vorhaben-
den Reisen nicht durch Heiratssachen dürfe aufhalten lassen, sondern diese durch die Beförderung jener beschleunigen müsse.
Strapinski brachte zur Verlobung Brautgeschenke, welche ihn
die Hälfte seines zeitlichen Vermögens kosteten; die andere Hälfte
verwandte er zu einem Feste, das er seiner Braut geben wollte. Es
war eben Fastnachtszeit und bei hellem Himmel ein verspätetes
glänzendes Winterwetter. Die Landstraßen boten die prächtigste
Schlittenbahn, wie sie nur selten entsteht und sich hält, und Herr
von Strapinski veranstaltete darum eine Schlittenfahrt und einen
Ball in dem für solche Feste beliebten stattlichen Gasthause, welches auf einer Hochebene mit der schönsten Aussicht gelegen war,
etwa zwei gute Stunden entfernt und genau in der Mitte zwischen
Goldach und Seldwyla.

Um diese Zeit geschah es, daß Herr Melchior Böhni in der letzteren
Stadt Geschäfte zu besorgen hatte und daher einige Tage vor dem
Winterfest in einem leichten Schlitten dahin fuhr, seine beste Zigarre
rauchend; und es geschah ferner, daß die Seldwyler auf den gleichen
Tag wie die Goldacher auch eine Schlittenfahrt verabredeten, nach
dem gleichen Orte, und zwar eine kostümierte oder Maskenfahrt.

So fuhr denn der Goldacher Schlittenzug gegen die Mittags-
stunde unter Schellenklang, Posthorntönen und Peitschenknall
durch die Straßen der Stadt, daß die Sinnbilder der alten Häuser
erstaunt herniedersahen, und zum Tore hinaus. Im ersten Schlitten
saß Strapinski mit seiner Braut, in einem polnischen ⌈Überrock⌉ von   5
grünem Sammet, mit Schnüren besetzt und schwer mit Pelz ⌈ver-
brämt⌉ und gefüttert. Nettchen war ganz in weißes Pelzwerk gehüllt;
blaue Schleier schützten ihr Gesicht gegen die frische Luft und gegen den Schneeglanz. Der Amtsrat war durch irgendein plötzliches
Ereignis verhindert worden mitzufahren; doch war es sein Gespann   10
und sein Schlitten, in welchem sie fuhren, ein vergoldetes Frauen-
bild als ⌈Schlittenzierat⌉ vor sich, die ⌈Fortuna²⌉ vorstellend; denn die
Stadtwohnung des Amtsrates hieß ›zur Fortuna‹.

Ihnen folgten fünfzehn bis sechszehn Gefährte mit je einem
Herren und einer Dame, alle ⌈geputzt⌉ und lebensfroh, aber keines   15
der Paare so schön und stattlich wie das Brautpaar. Die Schlitten
trugen, wie die Meerschiffe ihre ⌈Galions⌉, immer das Sinnbild des
Hauses, dem jeder angehörte, so daß das Volk rief: »Seht, da kommt
die Tapferkeit! Wie schön ist die Tüchtigkeit! Die Verbesserlichkeit
scheint neu lackiert zu sein und die Sparsamkeit frisch vergoldet!   20
Ah, der Jakobsbrunnen und der ⌈Teich Bethesda¹⌉!« Im Teiche Bethesda, welcher als bescheidener ⌈Einspänner²⌉ den Zug schloß, kut-
schierte Melchior Böhni still und vergnügt. Als Galion seines Fahr-
zeugs hatte er das Bild jenes jüdischen Männchens vor sich, welcher
an besagtem Teiche dreißig Jahre auf sein Heil gewartet. So segelte   25
denn das Geschwader im Sonnenscheine dahin und erschien bald
auf der weithin schimmernden Höhe, dem Ziele sich nahend. Da
ertönte gleichzeitig von der entgegengesetzten Seite lustige Musik.

Aus einem duftig bereiften Walde heraus brach ein Wirrwarr   30
von bunten Farben und Gestalten und entwickelte sich zu einem

*Uniformmantel*

*umsäumt,
umrandet*

*¹ Dekoration
² röm. Göttin
des Glücks*

*herausgeputzt,
festlich gekleidet*

*hier: Galionsfigur
(Figur am Vorder-
teil eines Schiffs)*

*¹ Teich in Jerusalem,
an dem Jesus einen
Kranken heilte
² von nur einem
Pferd gezogen*

36

Schlittenzug, welcher hoch am weißen Feldrande sich auf den blauen Himmel zeichnete und ebenfalls nach der Mitte der Gegend hinglitt, von abenteuerlichem Anblick. Es schienen meistens große bäuerliche Lastschlitten zu sein, je zwei zusammen-
5 gebunden, um absonderlichen Gebilden und Schaustellungen zur Unterlage zu dienen. Auf dem vordersten Fuhrwerke ragte eine kolossale Figur empor, die Göttin Fortuna vorstellend, welche in den ⌜Äther⌝ hinauszufliegen schien. Es war eine riesenhafte Stroh-   Himmel
puppe voll schimmernden Flittergoldes, deren ⌜Gazegewänder⌝   Kleidung aus luftig-leichtem Feingewebe
10 in der Luft flatterten. Auf dem zweiten Gefährte aber fuhr ein
ebenso riesenmäßiger Ziegenbock einher, schwarz und düster abstechend und mit gesenkten Hörnern der Fortuna nachjagend. Hierauf folgte ein seltsames Gerüste, welches sich als ein fünfzehn ⌜Schuh⌝ hohes Bügeleisen darstellte, dann eine gewaltig schnap-   Maßeinheit (wie Fuß), ca.30 cm
15 pende Schere, welche mittelst einer Schnur auf- und zugeklappt
wurde und das Himmelszelt für einen blauseidenen Westenstoff anzusehen schien. Andere solche landläufige Anspielungen auf das Schneiderwesen folgten noch, und zu Füßen aller dieser Gebilde saß auf den geräumigen, je von vier Pferden gezogenen Schlitten
20 die Seldwyler Gesellschaft in buntester Tracht, mit lautem Gelächter und Gesang.

Als beide Züge gleichzeitig auf dem Platze vor dem Gasthause auffuhren, gab es demnach einen geräuschvollen Auftritt und ein
25 großes Gedränge von Menschen und Pferden. Die Herrschaften von Goldach waren überrascht und erstaunt über die abenteuerliche Begegnung; die Seldwyler dagegen stellten sich vorerst gemütlich und freundschaftlich bescheiden. Ihr vorderster Schlitten mit der Fortuna trug die Inschrift: »Leute machen Kleider«, und
30 so ergab es sich denn, daß die ganze Gesellschaft lauter Schneidersleute von allen Nationen und aus allen Zeitaltern darstellte.

37

<sub>geschichtlich-gesellschafts-beschreibender</sub>

Es war gewissermaßen ein ⌜historisch-ethnographischer⌝ Schneiderfestzug, welcher mit der umgekehrten und ergänzenden Inschrift abschloß: »Kleider machen Leute!« In dem letzten Schlitten mit dieser Überschrift saßen nämlich, als das Werk der vorausgefahrenen heidnischen und christlichen Nahtbeflissenen aller Art, ehrwürdiger Kaiser und Könige, Ratsherren und Stabsoffiziere, ⌜Prälaten⌝[1] und ⌜Stiftsdamen⌝[2] in höchster ⌜Gravität⌝[3].

[1] christliche Würdenträger
[2] Mitglieder einer geistlichen Gemeinschaft ohne Ordensgelübde
[3] Ernsthaftigkeit, Würde

# VIER

Diese Schneiderwelt wußte sich gewandt aus dem Wirrwarr zu ordnen und ließ die Goldacher Herren und Damen, das Brautpaar an deren Spitze, bescheiden ins Haus spazieren, um nachher die unteren Räume desselben, welche für sie bestellt wa-
5 ren, zu besetzen, während jene die breite Treppe empor nach dem großen Festsaale rauschten. Die Gesellschaft des Herren Grafen fand dies Benehmen ⌐schicklich¬, und ihre Überraschung ver-      angemessen
wandelte sich in Heiterkeit und beifälliges Lächeln über die unverwüstliche Laune der Seldwyler; nur der Graf selbst hegte gar
10 dunkle Empfindungen, die ihm nicht behagten, obgleich er in der jetzigen Voreingenommenheit seiner Seele keinen bestimmten Argwohn verspürte und nicht einmal bemerkt hatte, woher die Leute gekommen waren. Melchior Böhni, der seinen Teich Bethesda sorglich beiseite gebracht hatte und sich aufmerksam in der
15 Nähe Strapinskis befand, nannte laut, daß dieser es hören konnte, eine ganz andere Ortschaft als den Ursprungsort des Maskenzuges.

Bald saßen beide Gesellschaften, jegliche auf ihrem Stockwerke, an den gedeckten Tafeln und gaben sich fröhlichen Gesprächen
20 und Scherzreden hin, in Erwartung weiterer Freuden.
Die kündigten sich denn auch für die Goldacher an, als sie paarweise in den Tanzsaal hinüberschritten und dort die Musiker schon ihre Geigen stimmten. Wie nun aber alles im Kreise stand und sich zum Reihen ordnen wollte, erschien eine Ge-
25 sandtschaft der Seldwyler, welche das freundnachbarliche Gesuch und Anerbieten vortrug, den Herren und Frauen von Goldach einen Besuch abstatten zu dürfen und ihnen zum Ergötzen einen Schautanz aufzuführen. Dieses Anerbieten konnte nicht wohl zu-

rückgewiesen werden; auch versprach man sich von den lustigen Seldwylern einen tüchtigen Spaß und setzte sich daher nach der Anordnung der besagten Gesandtschaft in einem großen Halbring, in dessen Mitte Strapinski und Nettchen glänzten gleich fürstlichen Sternen.

Nun traten allmählich jene besagten Schneidergruppen nacheinander ein. Jede führte in zierlichem Gebärdenspiel den Satz »Leute machen Kleider« und dessen Umkehrung durch, indem sie erst mit Emsigkeit irgendein stattliches Kleidungsstück, einen Fürstenmantel, Priestertalar und dergleichen anzufertigen schien und sodann eine dürftige Person damit bekleidete, welche, urplötzlich umgewandelt, sich in höchstem Ansehen aufrichtete und nach dem Takte der Musik feierlich einherging. Auch die Tierfabel wurde in diesem Sinne in Szene gesetzt, da eine gewaltige Krähe erschien, die sich, mit Pfauenfedern schmückte und quakend umherhupfte, ein Wolf, der sich einen Schafspelz zurechtschneiderte, schließlich ein Esel, der eine furchtbare Löwenhaut ⌐von Werg¹⌐ trug und sich ⌐heroisch²⌐ damit ⌐drapierte³⌐ wie mit einem ⌐Carbonari⁴⌐mantel.

¹ minderwertige Stofffaser
² mutig
³ behängte
⁴ Mitglieder eines italienischen Geheimbunds

Alle, die so erschienen, traten nach vollbrachter Darstellung zurück und machten allmählich so den Halbkreis der Goldacher zu einem weiten Ring von Zuschauern, dessen innerer Raum endlich leer ward. In diesem Augenblicke ging die Musik in eine wehmütig ernste Weise über, und zugleich beschritt eine letzte Erscheinung den Kreis, dessen Augen sämtlich auf sie gerichtet waren. Es war ein schlanker junger Mann in dunklem Mantel, dunklen schönen Haaren und mit einer polnischen Mütze; es war niemand anders als der Graf Strapinski, wie er an jenem Novembertage auf der Straße gewandert und den verhängnisvollen Wagen bestiegen hatte.

Die ganze Versammlung blickte lautlos gespannt auf die Gestalt, welche feierlich schwermütig einige Gänge nach dem Takte der Musik umhertrat, dann in die Mitte des Ringes sich begab, den Mantel auf den Boden breitete, sich schneidermäßig darauf niedersetzte und anfing, ein Bündel auszupacken. Er zog einen beinahe fertigen Grafenrock hervor, ganz wie ihn Strapinski in diesem Augenblicke trug, nähete mit großer Hast und Geschicklichkeit Troddeln und Schnüre darauf und bügelte ihn schulgerecht aus, indem er das scheinbar heiße Bügeleisen mit nassen Fingern prüfte. Dann richtete er sich langsam auf, zog seinen fadenscheinigen Rock aus und das Prachtkleid an, nahm ein Spiegelchen, kämmte sich und vollendete seinen Anzug, daß er endlich als das leibhafte Ebenbild des Grafen dastand. Unversehens ging die Musik in eine rasche mutige Weise über, der Mann wickelte seine Siebensachen in den alten Mantel und warf das Pack weit über die Köpfe der Anwesenden hinweg in die Tiefe des Saales, als wollte er sich ewig von seiner Vergangenheit trennen. Hierauf beging er als stolzer Weltmann in stattlichen Tanzschritten den Kreis, hie und da sich vor den Anwesenden ⌐huldreich⌐ verbeugend, bis er vor das Brautpaar gelangte. Plötzlich faßte er den Polen, ungeheuer überrascht, fest ins Auge, stand als eine Säule vor ihm still, während gleichzeitig wie auf Verabredung die Musik aufhörte und eine fürchterliche Stille wie ein stummer Blitz einfiel.

»Ei ei ei ei!« rief er mit weithin vernehmlicher Stimme und reckte den Arm gegen den Unglücklichen aus, »Sieh da den Bruder Schlesier, den ⌐Wasserpolacken⌐! Der mir aus der Arbeit gelaufen ist, weil er wegen einer kleinen Geschäftsschwankung glaubte, es sei zu Ende mit mir. Nun, es freut mich, daß es Ihnen so lustig geht und Sie hier so fröhliche Fastnacht halten! Stehen Sie in Arbeit zu Goldach?«

unterwürfig, ehrerbietend

abfällig für: Schlesier (Schlesien: Gebiet, das größtenteils im heutigen Polen liegt)

Zugleich gab er dem bleich und lächelnd dasitzenden Grafensohn die Hand, welche dieser willenlos ergriff wie eine feurige Eisenstange, während der Doppelgänger rief: »Kommt, Freunde, seht hier unsern sanften Schneidergesellen, der wie ein ⌜Raphael⌝ aussieht und unsern Dienstmägden, auch der Pfarrerstochter so wohl gefiel, die freilich ein bißchen übergeschnappt ist!«

Nun kamen die Seldwyler Leute alle herbei und drängten sich um Strapinski und seinen ehemaligen Meister, indem sie ersterm treuherzig die Hand schüttelten, daß er auf seinem Stuhle schwankte und zitterte. Gleichzeitig setzte die Musik wieder ein mit einem lebhaften Marsch; die Seldwyler, sowie sie an dem Brautpaar vorüber waren, ordneten sich zum Abzuge und marschierten unter Absingung eines wohleinstudierten ⌜diabolischen⌝ Lachchors aus dem Saale, während die Goldacher, unter welchen Böhni die Erklärung des ⌜Mirakels⌝ blitzschnell zu verbreiten gewußt hatte, durcheinanderliefen und sich mit den Seldwylern kreuzten, so daß es einen großen Tumult gab.

Als dieser sich endlich legte, war auch der Saal beinahe leer; wenige Leute standen an den Wänden und flüsterten verlegen untereinander; ein paar junge Damen hielten sich in einiger Entfernung von Nettchen, unschlüssig, ob sie sich derselben nähern sollten oder nicht. Das Paar aber saß unbeweglich auf seinen Stühlen gleich einem steinernen ägyptischen Königspaar, ganz still und einsam; man glaubte den unabsehbaren glühenden Wüstensand zu fühlen.

Nettchen, weiß wie ein Marmor, wendete das Gesicht langsam nach ihrem Bräutigam und sah ihn seltsam von der Seite an..

Da stand er langsam auf und ging mit schweren Schritten hinweg, die Augen auf den Boden gerichtet, während große Tränen aus denselben fielen.

Er ging durch die Goldacher und Seldwyler, welche die Treppen bedeckten, hindurch wie ein Toter, der sich gespenstisch von einem Jahrmarkt stiehlt, und sie ließen ihn seltsamerweise auch wie einen solchen passieren, indem sie ihm still auswichen, ohne
5 zu lachen oder harte Worte nachzurufen. Er ging auch zwischen den zur Abfahrt gerüsteten Schlitten und Pferden von Goldach hindurch, indessen die Seldwyler sich in ihrem Quartiere erst noch recht belustigten, und er wandelte halb unbewußt, nur in der Meinung, nicht mehr nach Goldach zurückzukommen, dieselbe Stra-
10 ße gegen Seldwyla hin, auf welcher er vor einigen Monaten hergewandert war. Bald verschwand er in der Dunkelheit des Waldes, durch welchen sich die Straße zog. Er war ⌈barhäuptig⌉, denn seine     ohne Kopf-
Polenmütze war im Fenstersimse des Tanzsaales liegengeblieben     bedeckung
nebst den Handschuhen, und so schritt er denn, gesenkten Haup-
15 tes und die frierenden Hände unter die gekreuzten Arme bergend, vorwärts, während seine Gedanken sich allmählich sammelten und zu einigem Erkennen gelangten. Das erste deutliche Gefühl, dessen er inne wurde, war dasjenige einer ungeheuren Schande, gleich wie wenn er ein wirklicher Mann von Rang und Ansehen
20 gewesen und nun ⌈infam⌉ geworden wäre durch Hereinbrechen ir-     hier: ehrlos
gendeines verhängnisvollen Unglückes. Dann löste sich dieses Gefühl aber auf in eine Art Bewußtsein erlittenen Unrechtes; er hatte sich bis zu seinem glorreichen Einzug in die verwünschte Stadt nie ein Vergehen zuschulden kommen lassen; soweit seine Gedanken
25 in die Kindheit zurückreichten, war ihm nicht erinnerlich, daß er je wegen einer Lüge oder einer Täuschung gestraft oder gescholten worden wäre, und nun war er ein Betrüger geworden dadurch, daß die ⌈Torheit⌉ der Welt ihn in einem unbewachten und sozu-     Unvernunft
sagen wehrlosen Augenblicke überfallen und ihn zu ihrem Spiel-
30 gesellen gemacht hatte. Er kam sich wie ein Kind vor, welches ein anderes boshaftes Kind überredet hat, von einem Altare den Kelch

zu stehlen; er haßte und verachtete sich jetzt, aber er weinte auch über sich und seine unglückliche Verirrung.

Wenn ein Fürst Land und Leute nimmt; wenn ein Priester die Lehre seiner Kirche ohne Überzeugung verkündet, aber die Güter seiner ⌈Pfründe[1]⌉ mit Würde verzehrt; wenn ein ⌈dünkelvoller[2]⌉ Lehrer die Ehren und Vorteile eines hohen Lehramtes innehat und genießt, ohne von der Höhe seiner Wissenschaft den mindesten Begriff zu haben und derselben auch nur den kleinsten Vorschub zu leisten; wenn ein Künstler ohne Tugend, mit leichtfertigem Tun und leerer Gaukelei sich in Mode bringt und Brot und Ruhm der wahren Arbeit vor wegstiehlt; oder wenn ein Schwindler, der einen großen Kaufmannsnamen geerbt oder erschlichen hat, durch seine Torheiten und Gewissenlosigkeiten Tausende um ihre Ersparnisse und Notpfennige bringt, so weinen alle diese nicht über sich, sondern erfreuen sich ihres Wohlseins und bleiben nicht einen Abend ohne aufheiternde Gesellschaft und gute Freunde.

Unser Schneider aber weinte bitterlich über sich, das heißt, er fing solches plötzlich an, als nun seine Gedanken an der schweren Kette, an der sie hingen, unversehens zu der verlassenen Braut zurückkehrten und sich aus Scham vor der Unsichtbaren zur Erde krümmten. Das Unglück und die Erniedrigung zeigten ihm mit einem hellen Strahle das verlorene Glück und machten aus dem unklar verliebten Irrgänger einen verstoßenen Liebenden. Er streckte die Arme gegen die kalt glänzenden Sterne empor und taumelte mehr als er ging auf seiner Straße dahin, stand wieder still und schüttelte den Kopf, als plötzlich ein roter Schein den Schnee um ihn her erreichte und zugleich Schellenklang und Gelächter ertönte. Es waren die Seldwyler, welche mit Fackeln nach Hause fuhren. Schon näherten sich ihm die ersten Pferde mit ih-

[1] Einkünfte aus einem Kirchenamt
[2] anmaßender, eingebildeter

ren Nasen; da raffte er sich auf, tat einen gewaltigen Sprung über den Straßenrand und duckte sich unter die vordersten Stämme des Waldes. Der ⌜tolle⌝ Zug fuhr vorbei und verhallte endlich in   ungewöhnliche
der dunklen Ferne, ohne daß der Flüchtling bemerkt worden war;
5 dieser aber, nachdem er eine gute Weile reglos gelauscht hatte, von der Kälte wie von den erst genossenen feurigen Getränken und seiner gramvollen Dummheit übermannt, streckte unvermerkt seine Glieder aus und schlief ein auf dem knisternden Schnee, während ein eiskalter Hauch von Osten heranzuwehen begann.

# FÜNF

Inzwischen erhob auch Nettchen sich von ihrem einsamen Sitze. Sie hatte dem abziehenden Geliebten gewissermaßen aufmerksam nachgeschaut, saß länger als eine Stunde unbeweglich da und stand dann auf, indem sie bitterlich zu weinen begann und ratlos nach der Türe ging. Zwei Freundinnen gesellten sich nun zu ihr mit zweifelhaft tröstenden Worten; sie bat dieselben, ihr Mantel, Tücher, Hut und dergleichen zu verschaffen, in welche Dinge sie sich sodann stumm verhüllte, die Augen mit dem Schleier heftig trocknend. Da man aber, wenn man weint, fast immer zugleich auch die Nase schneuzen muß, so sah sie sich doch genötigt, das Taschentuch zu nehmen, und tat einen tüchtigen Schneuz, worauf sie stolz und zornig um sich blickte. In dieses Blicken hinein geriet Melchior Böhni, der sich ihr freundlich, demütig und lächelnd näherte und ihr die Notwendigkeit darstellte, nunmehr einen Führer und Begleiter nach dem väterlichen Hause zurück zu haben. Den Teich Bethesda, sagte er, werde er hier im Gasthause zurücklassen und dafür die Fortuna mit der verehrten Unglücklichen sicher nach Goldach hin geleiten.

Ohne zu antworten, ging sie festen Schrittes voran nach dem Hofe, wo der Schlitten mit den ungeduldigen wohlgefütterten Pferden bereitstand, einer der letzten, welche dort waren. Sie nahm rasch darin Platz, ergriff das Leitseil und die Peitsche, und während der achtlose Böhni, mit glücklicher Geschäftigkeit sich gebärdend, dem Stallknechte, der die Pferde gehalten, das Trinkgeld hervorsuchte, trieb sie unversehens die Pferde an und fuhr auf die Landstraße hinaus in starken Sätzen, welche sich bald in einen anhaltenden muntern Galopp verwandelten. Und zwar

ging es nicht nach der Heimat, sondern auf der Seldwyler Straße
hin. Erst als das leichtbeschwingte Fahrzeug schon dem Blick ent-
schwunden war, entdeckte Herr Böhni das Ereignis und lief in der
Richtung gegen Goldach mit Hoho! und Haltrufen, sprang dann
5 zurück und jagte mit seinem eigenen Schlitten der entflohenen
oder nach seiner Meinung durch die Pferde entführten Schönen
nach, bis er am Tore der aufgeregten Stadt anlangte, in welcher
das Ärgernis bereits alle Zungen beschäftigte.

10 Warum Nettchen jenen Weg eingeschlagen, ob in der Verwirrung
oder mit Vorsatz, ist nicht sicher zu berichten. Zwei Umstände
mögen hier ein leises Licht gewähren. Einmal lagen sonderbarer-
weise die Pelzmütze und die Handschuhe Strapinskis, welche auf
dem Fenstersimse hinter dem Sitze des Paares gelegen hatten, nun
15 im Schlitten der Fortuna neben Nettchen; wann und wie sie diese Gegenstände ergriffen, hatte niemand beachtet, und sie selbst
wußte es nicht; es war wie im Schlafwandel geschehen. Sie wußte
jetzt noch nicht, daß Mütze und Handschuhe neben ihr lagen.
Sodann sagte sie mehr als einmal laut vor sich hin: »Ich muß noch
20 zwei Worte mit ihm sprechen, nur zwei Worte!«
Diese beiden Tatsachen scheinen zu beweisen, daß nicht ganz
der Zufall die feurigen Pferde lenkte. Auch war es seltsam, als die
Fortuna in die Waldstraße gelangte, in welche jetzt der helle Voll-
mond hineinschien, wie Nettchen den Lauf der Pferde mäßigte
25 und die Zügel fester anzog, so daß dieselben beinah nur im Schritt
einhertanzten, während die Lenkerin die traurigen, aber dennoch
scharfen Augen gespannt auf den Weg heftete, ohne links und
rechts den geringsten auffälligen Gegenstand außer acht zu lassen.

30 Und doch war gleichzeitig ihre Seele wie in tiefer, schwerer, un-
glücklicher Vergessenheit befangen. Was sind Glück und Leben!

von was hängen sie ab? Was sind wir selbst, daß wir wegen einer lächerlichen Fastnachtslüge glücklich oder unglücklich werden? Was haben wir verschuldet, wenn wir durch eine fröhliche gläubige Zuneigung Schmach und Hoffnungslosigkeit einernten? Wer sendet uns solche ⌈einfältige Truggestalten⌉, die zerstörend in unser 5 Schicksal eingreifen, während sie sich selbst daran auflösen wie schwache Seifenblasen?

leichtgläubige
Phantome

Solche mehr geträumte als gedachte Fragen umfingen die Seele Nettchens, als ihre Augen sich plötzlich auf einen länglichen 10 dunklen Gegenstand richteten, welcher zur Seite der Straße sich vom mondbeglänzten Schnee abhob. Es war der langhingestreckte Wenzel, dessen dunkles Haar sich mit dem Schatten der Bäume vermischte, während sein schlanker Körper deutlich im Lichte lag.

Nettchen hielt unwillkürlich die Pferde an, womit eine tiefe 15 Stille über den Wald kam. Sie starrte unverwandt nach dem dunklen Körper, bis derselbe sich ihrem hellsehenden Auge fast unverkennbar darstellte und sie leise die Zügel festband, ausstieg, die Pferde einen Augenblick beruhigend streichelte und sich hierauf der Erscheinung vorsichtig, lautlos näherte. 20

Ja, er war es. Der dunkelgrüne Samt seines Rockes nahm sich selbst auf dem nächtlichen Schnee schön und edel aus; der schlanke Leib und die geschmeidigen Glieder, wohl geschnürt und bekleidet, alles sagte noch in der Erstarrung, am Rande des Unterganges, im Verlorensein Kleider machen Leute! 25

Als sich die einsame Schöne näher über ihn hinbeugte und ihn ganz sicher erkannte, sah sie auch sogleich die Gefahr, in der sein Leben schwebte, und fürchtete, er möchte bereits erfroren sein. Sie ergriff daher unbedenklich eine seiner Hände, die kalt und 30 fühllos schien. Alles andere vergessend, rüttelte sie den Ärmsten und rief ihm seinen Taufnamen ins Ohr: »Wenzel! Wenzel!« Umsonst, er rührte sich nicht, sondern atmete nur schwach und traurig. Da fiel sie über ihn her, fuhr mit der Hand über sein Gesicht und gab ihm in der Beängstigung ⌐Nasenstüber⌐ auf die erbleichte Nasenspitze. Dann nahm sie, hiedurch auf einen guten Gedanken gebracht, Hände voll Schnee und rieb ihm die Nase und das Gesicht und auch die Finger tüchtig, soviel sie vermochte und bis sich der glücklich Unglückliche erholte, erwachte und langsam seine Gestalt in die Höhe richtete.

*sanfter Stoß gegen die Nase*

Er blickte um sich und sah die Retterin vor sich stehen. Sie hatte den Schleier zurückgeschlagen; Wenzel erkannte jeden Zug in ihrem weißen Gesicht, das ihn ansah mit großen Augen.

Er stürzte vor ihr nieder, küßte den Saum ihres Mantels und rief: »Verzeih mir! Verzeih mir!«

»Komm, fremder Mensch!« sagte sie mit unterdrückter zitternder Stimme, »ich werde mit dir sprechen und dich fortschaffen!«

Sie winkte ihm, in den Schlitten zu steigen, was er folgsam tat; sie gab ihm Mütze und Handschuh, ebenso unwillkürlich, wie sie dieselben mitgenommen hatte, ergriff Zügel und Peitsche und fuhr vorwärts.

Jenseits des Waldes, unfern der Straße, lag ein Bauernhof, auf welchem eine Bäuerin hauste, deren Mann unlängst gestorben. Nettchen war die Patin eines ihrer Kinder sowie der Vater Amtsrat ihr ⌐Zinsherr.⌐ Noch neulich war die Frau bei ihnen gewesen, um der Tochter Glück zu wünschen und allerlei Rat zu holen, konnte aber zu dieser Stunde noch nichts von dem Wandel der Dinge wissen.

*Verpächter, Grundbesitzer*

Nach diesem Hofe fuhr Nettchen jetzt, von der Straße ablenkend und mit einem kräftigen Peitschenknallen vor dem Hause haltend. Es war noch Licht hinter den kleinen Fenstern; denn die

Bäuerin war wach und machte sich zu schaffen, während Kinder und ⌜Gesinde⌝ längst schliefen. Sie öffnete das Fenster und guckte verwundert heraus. »Ich bin's nur, wir sind's!« rief Nettchen. »Wir haben uns verirrt wegen der neuen oberen Straße, die ich noch nie gefahren bin; macht uns einen Kaffee, Frau ⌜Gevatterin⌝, und 5 laßt uns einen Augenblick hineinkommen, ehe wir weiterfahren!«

Gar vergnügt eilte die Bäuerin her, da sie Nettchen sofort erkannte, und bezeigte sich entzückt und eingeschüchtert zugleich, auch das große Tier, den fremden Grafen, zu sehen. In ihren Augen 10 waren Glück und Glanz dieser Welt in diesen zwei Personen über ihre Schwelle getreten; unbestimmte Hoffnungen, einen kleinen Teil daran, irgendeinen bescheidenen Nutzen für sich oder ihre Kinder zu gewinnen, belebten die gute Frau und gaben ihr alle ⌜Behendigkeit⌝, die jungen Herrschaftsleute zu bedienen. Schnell 15 hatte sie ein Knechtchen geweckt, die Pferde zu halten, und bald hatte sie auch einen heißen Kaffee bereitet, welchen sie jetzt hereinbrachte, wo Wenzel und Nettchen in der halbdunklen Stube einander gegenübersaßen, ein schwach flackerndes Lämpchen zwischen sich auf dem Tische. 20

Wenzel saß, den Kopf in die Hände gestützt, und wagte nicht aufzublicken. Nettchen lehnte auf ihrem Stuhle zurück und hielt die Augen fest verschlossen, aber ebenso den bittern schönen Mund, woran man sah, daß sie keineswegs schlief.

Als die Gevattersfrau den Trank auf den Tisch gesetzt hatte, er- 25 hob sich Nettchen rasch und flüsterte ihr zu: »Laßt uns jetzt eine Viertelstunde allein, legt Euch aufs Bett, liebe Frau, wir haben uns ein bißchen gezankt und müssen uns heute noch aussprechen, da hier gute Gelegenheit ist!«

»Ich verstehe schon, Ihr macht's gut so!« sagte die Frau und 30 ließ die zwei bald allein.

»Trinken Sie dies«, sagte Nettchen, die sich wieder gesetzt hatte, »es wird Ihnen gesund sein!« Sie selbst berührte nichts. Wenzel Strapinski, der leise zitterte, richtete sich auf, nahm eine Tasse und trank sie aus, mehr weil sie es gesagt hatte, als um sich zu erfrischen. Er blickte sie jetzt auch an, und als ihre Augen sich begegneten und Nettchen forschend die seinigen betrachtete, schüttelte sie das Haupt und sagte dann: »Wer sind Sie? Was wollten Sie mit mir?«

»Ich bin nicht ganz so, wie ich scheine!« erwiderte er traurig, »ich bin ein armer Narr, aber ich werde alles gutmachen und Ihnen Genugtuung geben und nicht lange mehr am Leben sein!« Solche Worte sagte er so überzeugt und ohne allen gemachten Ausdruck, daß Nettchens Augen unmerklich aufblitzten. Dennoch wiederholte sie: »Ich wünsche zu wissen, wer Sie eigentlich seien und woher Sie kommen und wohin Sie wollen?«

»Es ist alles so gekommen, wie ich Ihnen jetzt der Wahrheit gemäß erzählen will«, antwortete er und sagte ihr, wer er sei und wie es ihm bei seinem Einzug in Goldach ergangen. Er beteuerte besonders, wie er mehrmals habe fliehen wollen, schließlich aber durch ihr Erscheinen selbst gehindert worden sei, wie in einem verhexten Traume.

Nettchen wurde mehrmals von einem Anflug von Lachen heimgesucht; doch überwog der Ernst ihrer Angelegenheit zu sehr, als daß es zum Ausbruch gekommen wäre. Sie fuhr vielmehr fort zu fragen: »Und wohin gedachten Sie mit mir zu gehen und was zu beginnen?« – »Ich weiß es kaum«, erwiderte er; »ich hoffte auf weitere merkwürdige oder glückliche Dinge; auch gedachte ich zuweilen des Todes in der Art, daß ich mir denselben geben wolle, nachdem ich –«

Hier stockte Wenzel, und sein bleiches Gesicht wurde ganz rot.

»Nun, fahren Sie fort!« sagte Nettchen, ihrerseits bleich werdend, indessen ihr Herz wunderlich klopfte.

Da flammten Wenzels Augen groß und süß auf, und er rief:

»Ja, jetzt ist es mir klar und deutlich vor Augen, wie es gekommen wäre! Ich wäre mit dir in die weite Welt gegangen, und nachdem ich einige kurze Tage des Glückes mit dir gelebt, hätte ich dir den Betrug gestanden und mir gleichzeitig den Tod gegeben. Du wärest zu deinem Vater zurückgekehrt, wo du wohl aufgehoben gewesen wärest und mich leicht vergessen hättest. Niemand brauchte darum zu wissen; ich wäre spurlos verschollen. – Anstatt an der Sehnsucht nach einem würdigen Dasein, nach einem gütigen Herzen, nach Liebe lebenslang zu kranken«, fuhr er wehmütig fort, »wäre ich einen Augenblick lang groß und glücklich gewesen und hoch über allen, die weder glücklich noch unglücklich sind und doch nie sterben wollen! O hätten Sie mich liegengelassen im kalten Schnee, ich wäre so ruhig eingeschlafen!«

Er war wieder still geworden und schaute düster sinnend vor sich hin.

Nach einer Weile sagte Nettchen, die ihn still betrachtet, nachdem das durch Wenzels Reden angefachte Schlagen ihres Herzens sich etwas gelegt hatte:

»Haben Sie dergleichen oder ähnliche Streiche früher schon begangen und fremde Menschen angelogen, die Ihnen nichts zuleide getan?«

»Das habe ich mich in dieser bitteren Nacht selbst schon gefragt und mich nicht erinnert, daß ich je ein Lügner gewesen bin! Ein solches Abenteuer habe ich noch gar nie gemacht oder erfahren! Ja, in jenen Tagen, als der Hang in mir entstanden, etwas Ordentliches zu sein oder zu scheinen, in halber Kindheit noch, habe ich mich selbst überwunden und einem Glück entsagt, das mir beschieden schien!«

»Was ist dies?« fragte Nettchen.

»Meine Mutter war, ehe sie sich verheiratet hatte, in Diensten einer benachbarten Gutsherrin und mit derselben auf Reisen und in großen Städten gewesen. Davon hatte sie eine feinere Art bekommen als die anderen Weiber unseres Dorfes und war wohl auch etwas eitel; denn sie kleidete sich und mich, ihr einziges Kind, immer etwas zierlicher und gesuchter, als es bei uns Sitte war. Der Vater, ein armer Schulmeister, starb aber früh, und so blieb uns bei größter Armut keine Aussicht auf glückliche Erlebnisse, von welchen die Mutter gerne zu träumen pflegte. Vielmehr mußte sie sich harter Arbeit hingeben, um uns zu ernähren, und damit das Liebste, was sie hatte, etwas bessere Haltung und Kleidung, aufopfern. Unerwartet sagte nun jene nun verwitwete Gutsherrin, als ich etwa sechzehn Jahre alt war, sie gehe mit ihrem Haushalt in die Residenz für immer; die Mutter solle mich mitgeben, es sei schade für mich, in dem Dorfe ein Tagelöhner oder Bauernknecht zu werden, sie wolle mich etwas Feines lernen lassen, zu was ich Lust habe, während ich in ihrem Hause leben und diese und jene leichten Dienstleistungen tun könne. Das schien nun das Herrlichste zu sein, was sich für uns ereignen mochte. Alles wurde demgemäß verabredet und zubereitet, als die Mutter nachdenklich und traurig wurde und mich eines Tages plötzlich mit vielen Tränen bat, sie nicht zu verlassen, sondern mit ihr arm zu bleiben; sie werde nicht alt werden, sagte sie, und ich würde gewiß noch zu etwas Gutem gelangen, auch wenn sie tot sei. Die Gutsherrin, der ich das betrübt hinterbrachte, kam her und machte meiner Mutter ⌜Vorstellungen⌝; aber Vorhaltungen diese wurde jetzt ganz aufgeregt und rief einmal um das andere, sie lasse sich ihr Kind nicht rauben; wer es kenne –«

Hier stockte Wenzel Strapinski abermals und wußte sich nicht
recht fortzuhelfen. Nettchen fragte: »Was sagte die Mutter, wer es
kenne? Warum fahren Sie nicht fort?«

Wenzel errötete und antwortete: »Sie sagte etwas Seltsames,
was ich nicht recht verstand und was ich jedenfalls seither nicht
verspürt habe; sie meinte, wer das Kind kenne, könne nicht mehr
von ihm lassen, und wollte wohl damit sagen, daß ich ein gutmü-
tiger Junge gewesen sei oder etwas dergleichen. Kurz, sie war so
aufgeregt, daß ich trotz alles Zuredens ⌜jener Dame entsagte⌝ und
bei der Mutter blieb, wofür sie mich doppelt liebhatte, tausend-
mal mich um Verzeihung bittend, daß sie ⌜mir vor dem Glücke sei⌝.
Als ich aber nun auch etwas verdienen lernen sollte, stellte es sich
heraus, daß nicht viel anderes zu tun war, als daß ich zu unserm
Dorfschneider in die Lehre ging. Ich wollte nicht, aber die Mutter
weinte so sehr, daß ich mich ergab. Dies ist die Geschichte.«

Auf Nettchens Frage, warum er denn doch von der Mutter fort sei
und wann? erwiderte Wenzel:

»Der Militärdienst rief mich weg. Ich wurde unter die Husaren
gesteckt und war ein ganz hübscher roter Husar, obwohl vielleicht
der dümmste im Regiment, jedenfalls der stillste. Nach einem Jahre konnte ich endlich für ein paar Wochen Urlaub erhalten und
eilte nach Hause, meine gute Mutter zu sehen; aber sie war eben
gestorben. Da bin ich denn, als meine Zeit vorbei war, einsam in
die Welt gereist und endlich hier in mein Unglück geraten.«

Nettchen lächelte, als er dieses vor sich hinklagte und sie ihn dabei aufmerksam betrachtete. Es war jetzt eine Zeitlang still in der
Stube; auf einmal schien ihr ein Gedanke aufzutauchen.

»Da Sie«, sagte sie plötzlich, aber dennoch mit zögerndem spit-
zigen Wesen, »stets so wertgeschätzt und liebenswürdig waren, so

auf die Dame ver-
zichtete, ihr absagte

mein Glück
verhindere

haben Sie ohne Zweifel auch jederzeit Ihre gehörigen Liebschaften oder dergleichen gehabt und wohl schon mehr als ein armes Frauenzimmer auf dem Gewissen – von mir nicht zu reden?«

»Ach Gott«, erwiderte Wenzel, ganz rot werdend, »eh ich zu Ihnen kam, habe ich niemals auch nur die Fingerspitzen eines Mädchens berührt, ausgenommen –«

»Nun?« sagte Nettchen.

»Nun«, fuhr er fort, »das war eben jene Frau, die mich mitnehmen und bilden lassen wollte, die hatte ein Kind, ein Mädchen von sieben oder acht Jahren, ein seltsames heftiges Kind, und doch gut wie Zucker und schön wie ein Engel. Dem hatte ich vielfach den Diener und Beschützer machen müssen, und es hatte sich an mich gewöhnt. Ich mußte es regelmäßig nach dem entfernten Pfarrhof bringen, wo es bei dem alten Pfarrer Unterricht genoß, und es von da wieder abholen. Auch sonst mußte ich öfter mit ihm ins Freie, wenn sonst niemand gerade mitgehen konnte. Dieses Kind nun, als ich es zum letzten Mal im Abendschein über das Feld nach Hause führte, fing von der bevorstehenden Abreise zu reden an, erklärte mir, ich müßte dennoch mitgehen, und fragte, ob ich es tun wollte. Ich sagte, daß es nicht sein könne. Das Kind fuhr aber fort, gar beweglich und dringlich zu bitten, indem es mir am Arme hing und mich am Gehen hinderte, wie Kinder zu tun pflegen, so daß ich mich bedachtlos wohl etwas ⌜unwirsch⌝ frei machte. Da senkte das Mädchen sein Haupt und suchte beschämt und traurig die Tränen zu unterdrücken, die jetzt hervorbrachen, und es vermochte kaum das Schluchzen zu bemeistern. Betroffen wollte ich das Kind ⌜begütigen⌝; allein nun wandte es sich zornig ab und entließ mich in Ungnaden. Seitdem ist mir das schöne Kind immer im Sinne geblieben, und mein Herz hat immer an ihm gehangen, obgleich ich nie wieder von ihm gehört habe –«

unsanft

trösten

Plötzlich hielt der Sprecher, der in eine sanfte Erregung geraten war, wie erschreckt inne und starrte erbleichend seine Gefährtin an.

»Nun«, sagte Nettchen ihrerseits mit seltsamem Tone, in gleicher Weise etwas blaß geworden, »was sehen Sie mich so an?«

Wenzel aber streckte den Arm aus, zeigte mit dem Finger auf sie, wie wenn er einen Geist sähe, und rief:

»Dieses habe ich auch schon erblickt. Wenn jenes Kind zornig war, so hoben sich ganz so, wie jetzt bei Ihnen, die schönen Haare um Stirne und Schläfe ein wenig aufwärts, daß man sie sich bewegen sah, und so war es auch zuletzt auf dem Felde in jenem Abendglanze.«

In der Tat hatten sich die zunächst den Schläfen und über der Stirne liegenden Locken Nettchens leise bewegt wie von einem ins Gesicht wehenden Lufthauche.

gefallsüchtige, eitle  Die allezeit etwas ⌈kokette⌉ Mutter Natur hatte hier eines ihrer Geheimnisse angewendet, um den schwierigen Handel zu Ende zu führen.


Nach kurzem Schweigen, indem ihre Brust sich zu heben begann, stand Nettchen auf, ging um den Tisch herum dem Manne entgegen und fiel ihm um den Hals mit den Worten: »Ich will dich nicht verlassen! Du bist mein, und ich will mit dir gehen trotz aller Welt!«

So feierte sie erst jetzt ihre rechte Verlobung aus tief entschlossener Seele, indem sie in süßer Leidenschaft ein Schicksal auf sich nahm und Treue hielt.

Doch war sie keineswegs so blöde, dieses Schicksal nicht selbst ein wenig lenken zu wollen; vielmehr faßte sie rasch und keck neue Entschlüsse. Denn sie sagte zu dem guten Wenzel, der in dem abermaligen Glückeswechsel verloren träumte:

»Nun wollen wir gerade nach Seldwyl gehen und den Dortigen, die uns zu zerstören gedachten, zeigen, daß sie uns erst recht vereinigt und glücklich gemacht haben!«

Dem wackern Wenzel wollte das nicht einleuchten. Er wünschte vielmehr, in unbekannte Weiten zu ziehen und geheimnisvoll romantisch dort zu leben in stillem Glücke, wie er sagte.

Allein Nettchen rief: »Keine Romane mehr! Wie du bist, ein armer Wandersmann, will ich mich zu dir bekennen und in meiner Heimat allen diesen Stolzen und Spöttern zum Trotze dein Weib sein! Wir wollen nach Seldwyla gehen und dort durch Tätigkeit und Klugheit die Menschen, die uns verhöhnt haben, von uns abhängig machen!«

Und wie gesagt, so getan! Nachdem die Bäuerin herbeigerufen und von Wenzel, der anfing, seine neue Stellung einzunehmen, beschenkt worden war, fuhren sie ihres Weges weiter. Wenzel führte jetzt die Zügel, Nettchen lehnte sich so zufrieden an ihn, als ob er eine Kirchensäule wäre. Denn des Menschen Wille ist sein Himmelreich, und Nettchen war just vor drei Tagen volljährig geworden und konnte dem ihrigen folgen.

## SECHS

In Seldwyla hielten sie vor dem Gasthause zum Regenbogen, wo noch eine Zahl jener Schlittenfahrer beim Glase saß. Als das Paar im Wirtssaale erschien, lief wie ein Feuer die Rede herum: »Ha, da haben wir eine Entführung! wir haben eine köstliche Geschichte eingeleitet!«

Doch ging Wenzel ohne Umsehen hindurch mit seiner Braut, und nachdem sie in ihren Gemächern verschwunden war, begab er sich in den Wilden Mann, ein anderes gutes Gasthaus, und schritt stolz durch die dort ebenfalls noch hausenden Seldwyler hindurch in ein Zimmer, das er begehrte, und überließ sie ihren erstaunten Beratungen, über welchen sie sich das grimmigste Kopfweh anzutrinken genötigt waren.

Auch in der Stadt Goldach lief um die gleiche Zeit schon das Wort »Entführung!« herum. In aller Frühe schon fuhr auch der Teich Bethesda nach Seldwyla, von dem aufgeregten Böhni und Nettchens betroffenem Vater bestiegen. Fast wären sie in ihrer Eile ohne Anhalt durch Seldwyla gefahren, als sie noch rechtzeitig den Schlitten Fortuna wohlbehalten vor dem Gasthause stehen sahen und zu ihrem Troste vermuteten, daß wenigstens die schönen Pferde auch nicht weit sein würden. Sie ließen daher ausspannen, als sich die Vermutung bestätigte und sie die Ankunft und den Aufenthalt Nettchens vernahmen, und gingen gleichfalls in den Regenbogen hinein.

Es dauerte jedoch eine kleine Weile, bis Nettchen den Vater bitten ließ, sie auf ihrem Zimmer zu besuchen und dort allein mit ihr zu sprechen. Auch sagte man, sie habe bereits den besten Rechts-

anwalt der Stadt rufen lassen, welcher im Laufe des Vormittags erscheinen werde. Der Amtsrat ging etwas schweren Herzens zu seiner Tochter hinauf, überlegend, auf welche Weise er das ⌐despe- verzweifelte rate⌐ Kind am besten aus der Verirrung zurückführe, und war auf
5 ein verzweifeltes ⌐Gebaren⌐ gefaßt. Verhalten

Allein mit Ruhe und sanfter Festigkeit trat ihm Nettchen entgegen. Sie dankte ihrem Vater mit Rührung für alle ihr bewiesene Liebe und Güte und erklärte sodann in bestimmten Sätzen, erstens, sie wolle nach dem Vorgefallenen nicht mehr in Goldach
10 leben, wenigstens nicht die nächsten Jahre; zweitens wünsche sie ihr bedeutendes mütterliches Erbe an sich zu nehmen, welches der Vater ja schon lange für den Fall ihrer Verheiratung bereitgehalten; drittens wolle sie den Wenzel Strapinski heiraten, woran vor allem nichts zu ändern sei; viertens wolle sie mit ihm in Seldwyla
15 wohnen und ihm da ein tüchtiges Geschäft gründen helfen, und fünftens und letztens werde alles gut werden; denn sie habe sich überzeugt, daß er ein guter Mensch sei und sie glücklich machen werde.

20 Der Amtsrat begann seine Arbeit mit der Erinnerung, daß Nettchen ja wisse, wie sehr er schon gewünscht habe, ihr Vermögen zur Begründung ihres wahren Glückes je eher, je lieber in ihre Hände legen zu können. Dann aber schilderte er mit aller Bekümmernis, die ihn seit der ersten ⌐Kunde⌐ von der schrecklichen Nachricht
25 Katastrophe erfüllte, das Unmögliche des Verhältnisses, das sie festhalten wolle, und schließlich zeigte er das große Mittel, durch welches sich der schwere Konflikt allein würdig lösen lasse. Herr Melchior Böhni sei es, der bereit sei, durch augenblickliches Einstehen mit seiner Person den ganzen Handel niederzuschlagen
30 und mit seinem unantastbaren Namen ihre Ehre vor der Welt zu schützen und aufrechtzuhalten.

59

Aber das Wort Ehre brachte nun doch die Tochter in größere
Aufregung. Sie rief, gerade die Ehre sei es, welche ihr gebiete, den
Herren Böhni nicht zu heiraten, weil sie ihn nicht leiden könne,
dagegen dem armen Fremden getreu zu bleiben, welchem sie ihr
Wort gegeben habe und den sie auch leiden könne!                    5
    Es gab nun ein fruchtloses Hin- und Widerreden, welches die
standhafte Schöne endlich doch zum Tränenvergießen brachte.

Fast gleichzeitig drangen Wenzel und Böhni herein, welche auf
der Treppe zusammengetroffen, und es drohte eine große Verwir-   10
rung zu entstehen, als auch der Rechtsanwalt erschien, ein dem
Amtsrate wohlbekannter Mann, und ⌐vorderhand⌐ zur friedlichen
⌐Besonnenheit⌐ mahnte. Als er in wenigen vorläufigen Worten ver-
nahm, worum es sich handle, ordnete er an, daß vor allem Wenzel
sich in den Wilden Mann zurückziehe und sich dort stillhalte, daß  15
auch Herr Böhni sich nicht einmische und fortgehe, daß Nettchen
ihrerseits alle Formen des bürgerlichen guten Tones wahre bis zum
Austrag der Sache und der Vater auf jede Ausübung von Zwang
verzichte, da die Freiheit der Tochter gesetzlich unbezweifelt sei.
    So gab es denn einen Waffenstillstand und eine allgemeine      20
Trennung für einige Stunden.

In der Stadt, wo der Anwalt ein paar Worte verlauten ließ von
einem großen Vermögen, welches vielleicht nach Seldwyla käme
durch diese Geschichte, entstand nun ein großer Lärm. Die Stim-   25
mung der Seldwyler schlug plötzlich um zugunsten des Schneiders und seiner Verlobten, und sie beschlossen, die Liebenden zu
schützen mit Gut und Blut und in ihrer Stadt Recht und Freiheit
der Person zu wahren. Als daher das Gerücht ging, die Schöne
von Goldach solle mit Gewalt zurückgeführt werden, ⌐rotteten sie  30
sich zusammen⌐, stellten bewaffnete Schutz- und Ehrenwachen vor

erst einmal
Ruhe

taten sie sich
zusammen

60

den Regenbogen und vor den Wilden Mann und begingen überhaupt mit gewaltiger ⌜Lustbarkeit⌝ eines ihrer großen Abenteuer,
als merkwürdige Fortsetzung des gestrigen.

Der erschreckte und gereizte Amtsrat schickte seinen Böhni
nach Goldach um Hilfe. Der fuhr im Galopp hin, und am nächsten Tage fuhren eine Anzahl Männer mit einer ansehnlichen Poli-
zeimacht von dort herüber, um dem Amtsrat beizustehen, und es
gewann den Anschein, als ob Seldwyla ein neues ⌜Troja⌝ werden
sollte. Die Parteien standen sich drohend gegenüber; der ⌜Stadt-
tambour²⌝ drehte bereits an seiner Spannschraube und tat einzelne
Schläge mit dem rechten Schlegel. Da kamen höhere Amtsperso-
nen, geistliche und weltliche Herren, auf den Platz, und die Un-
terhandlungen, welche allseitig gepflogen wurden, ergaben endlich, da Nettchen fest blieb und Wenzel sich nicht einschüchtern
ließ, aufgemuntert durch die Seldwyler, daß das ⌜Aufgebot ihrer
Ehe⌝ nach Sammlung aller nötigen Schriften förmlich stattfinden
und daß ⌜gewärtigt⌝ werden solle, ob und welche gesetzliche Einsprachen während dieses Verfahrens dagegen erhoben würden und
mit welchem Erfolge.

Solche Einsprachen konnten bei der Volljährigkeit Nettchens ein-
zig noch erhoben werden wegen der zweifelhaften Person des fal-
schen Grafen Wenzel Strapinski.

Allein der Rechtsanwalt, der seine und Nettchens Sache nun
führte, ermittelte, daß den fremden jungen Mann weder in seiner
Heimat noch auf seinen bisherigen Fahrten auch nur der Schatten
eines bösen ⌜Leumunds⌝ getroffen habe und von überall her nur
gute und wohlwollende Zeugnisse für ihn einliefen.

Was die Ereignisse in Goldach betraf, so wies der ⌜Advokat⌝
nach, daß Wenzel sich eigentlich gar nie selbst für einen Grafen
ausgegeben, sondern daß ihm dieser Rang von andern gewaltsam

verliehen worden; daß er schriftlich auf allen vorhandenen Beleg-
stücken mit seinem wirklichen Namen Wenzel Strapinski ohne
jede Zutat sich unterzeichnet hatte und somit kein anderes Vergehen vorlag, als daß er eine törichte Gastfreundschaft genossen
hatte, die ihm nicht gewährt worden wäre, wenn er nicht in je-  5
nem Wagen angekommen wäre und jener Kutscher nicht jenen
schlechten Spaß gemacht hätte.

So endigte denn der Krieg mit einer Hochzeit, an welcher die
Seldwyler mit ihren sogenannten ⌜Katzenköpfen⌝ gewaltig schossen  10
zum Verdrusse der Goldacher, welche den Geschützdonner ganz
gut hören konnten, da der Westwind wehte. Der Amtsrat gab
Nettchen ihr ganzes Gut heraus, und sie sagte, Wenzel müsse nun
ein großer ⌜Marchand-Tailleur⌝ und Tuchherr werden in Seldwyla;
denn da hieß der Tuchhändler noch Tuchherr, der Eisenhändler  15
Eisenherr usw.

Das geschah denn auch, aber in ganz anderer Weise, als die Seldwyler geträumt hatten. Er war bescheiden, sparsam und fleißig
in seinem Geschäfte, welchem er einen großen Umfang zu geben  20
verstand. Er machte ihnen ihre veilchenfarbigen oder weiß und
blau gewürfelten Sammetwesten, ihre ⌜Ballfräcke⌝ mit goldenen
Knöpfen, ihre rot ausgeschlagenen Mäntel, und alles waren sie
ihm schuldig, aber nie zu lange Zeit. Denn um neue, nach schö-
nere Sachen zu erhalten, welche er kommen oder anfertigen ließ,  25
mußten sie ihm das Frühere bezahlen, so daß sie untereinander
klagten, er presse ihnen das Blut unter den Nägeln hervor.

Dabei wurde er rund und stattlich und sah beinah gar nicht
mehr träumerisch aus; er wurde von Jahr zu Jahr geschäftserfah-
rener und gewandter und wußte in Verbindung mit seinem bald  30
versöhnten Schwiegervater, dem Amtsrat, so gute ⌜Spekulationen⌝

---

*Vorläufer der
Böllerkanone*

*vornehmer
Schneider mit
Stofflager*

*festlichen Anzüge*

*hier: Geschäfte*

62

zu machen, daß sich sein Vermögen verdoppelte und er nach zehn oder zwölf Jahren mit ebenso vielen Kindern, die inzwischen Nettchen, die Strapinska, geboren hatte, und mit letzterer nach Goldach übersiedelte und daselbst ein angesehener Mann ward.

5 Aber in Seldwyla ließ er nicht einen ⌐Stüber⌐ zurück, sei es aus Undank oder aus Rache.

rheinisch-
westfälische
Münze

# Anhang

**Gottfried Keller**

im Alter von 66 Jahren
1885 Zürich (gemeinfrei)

**Werk**

| | |
|---|---|
| 1846 | *Gedichte* |
| 1851 | *Neuere Gedichte* |
| 1854–55 | Erstfassung des Romans *Der grüne Heinrich* in vier Bänden |
| 1856 | Teil I des Novellenzyklus *Die Leute von Seldwyla*: |

- *Pankraz, der Schmoller*
- *Romeo und Julia auf dem Dorfe*
- *Frau Regel Amrain und ihr Jüngster*
- *Die drei gerechten Kammmacher*
- *Spiegel, das Kätzchen. Ein Märchen*

| | |
|---|---|
| 1860 | *Das Fähnlein der sieben Aufrechten,* Novelle |
| 1872 | *Sieben Legenden,* Novellenzyklus |
| 1873–74 | *Die Leute von Seldwyla,* Teil I unverändert, Teil II: |

- ***Kleider machen Leute***
- *Der Schmied seines Glückes*
- *Die mißbrauchten Liebesbriefe*
- *Dietegen*
- *Das verlorene Lachen*

| | |
|---|---|
| **1877** | *Züricher Novellen,* Novellenzyklus: |
| | • *Hadlaub* |
| | • *Der Narr auf Manegg* |
| | • *Der Landvogt von Greifensee* |
| | • *Das Fähnlein der sieben Aufrechten* |
| | • *Ursula* |
| **1879–80** | *Der grüne Heinrich,* finale Fassung |
| **1881** | *Das Sinngedicht,* Novellenzyklus: |
| | • *Von einer törichten Jungfrau* |
| | • *Regine* |
| | • *Die arme Baronin* |
| | • *Die Geisterseher* |
| | • *Don Correa* |
| | • *Die Berlocken* |
| **1883** | *Gesammelte Gedichte* |
| **1886** | *Martin Salander, Roman* |
| **1889** | *Gesammelte Werke in zehn Bänden* |

## Leben

| | |
|---|---|
| 1819 | Geburt am 19. Juli in Zürich |
| | Eltern: Arzttochter Elisabeth Keller und |
| | Drechslermeister Rudolf Keller |
| 1824 | Tod des Vaters mit 33 Jahren |
| 1834 | Schulverweis |
| | Beginn einer Lehre bei einem |
| | Maler und Lithografen (Drucker) |
| | Berufswunsch Landschaftsmaler |
| 1840 | Umzug nach München |
| | Keine Aufnahme an Kunstakademie |
| | Typhus-Erkrankung |
| 1842 | Rückkehr zur Mutter nach Zürich |
| | Hinwendung zur Lyrik |
| 1847 | Volontariat in der Staatskanzlei Zürich |
| 1848–1850 | Studium in Heidelberg durch |
| | Stipendium der Züricher Regierung |
| 1850–1861 | Freier Schriftsteller in Berlin und Zürich |
| 1861–1876 | Erster Staatsschreiber des Kantons Zürich |
| | Erstmals finanzielle Sicherheit |
| 1864 | Tod der Mutter |
| 1869 | Ehrendoktorwürde der Stadt Zürich |
| ab 1876 | Erneute Tätigkeit als Schriftsteller |
| 1888 | Tod der Schwester Regula |
| 1890 | Tod nach schwerer Krankheit am 15. Juli in Zürich |

## Werdegang

Gottfried Kellers Weg zum erfolgreichen und bekannten Autor des Realismus ist steinig. Sein Vater stirbt, als er selbst erst fünf Jahre alt ist. Um die Drechslerei ihres Mannes weiterführen zu können, heiratet die Mutter dessen ersten Gesellen Hans Wild. Die Ehe scheitert nach einem Jahr. Zwischen 1822 und 1825 muss die Familie zudem den Tod von vier Kindern verkraften.

Kellers Versuche, als Landschaftsmaler Karriere zu machen, misslingen. Daraufhin wendet er sich der Literatur zu: Inspiriert durch die eigene Erfolglosigkeit entsteht der Roman *Der grüne Heinrich*.

Sein Leben ist lange Zeit von finanzieller Unsicherheit geprägt. Das ändert sich erst, als er mit 42 Jahren zum Staatsschreiber des Kantons Zürich ernannt wird. Diese Wahl überrascht wegen Kellers zuvor geäußerter Kritik an der Regierung. 1876 legt er das gut bezahlte Amt nieder, um sich als freier Schriftsteller zu verwirklichen, was ihm auch gelingt.

Im Gegensatz dazu ist ihm Glück in der Liebe nicht vergönnt. Die meisten Annäherungsversuche (oft bei jüngeren oder vergebenen Frauen) werden abgelehnt und seine Verlobte Luise Scheidegger begeht Selbstmord. In einem Brief von 1872 an den Schriftsteller Emil Kuh beschreibt er sich selbst mit einem Augenzwinkern: „Ich bin […] ein kleiner dicker Kerl, der abends 9 Uhr ins Wirthaus und um Mitternacht zu Bette geht als alter Junggeselle."

Zeugnisse dieses Humors finden sich auch in seinen Werken, in denen er genau beobachtend erzählt.

Obwohl er zeitweise auch in Deutschland lebt, zieht es ihn immer wieder in die Heimat zurück. In Zürich wohnt er mit seiner Mutter und seiner Schwester Regula bis zu deren Tod zusammen. Kellers Grab befindet sich auf dem Friedhof Sihlfeld, auf dem zahlreiche berühmte Persönlichkeiten ihre letzte Ruhestätte haben.

## Geschichtliche Hintergründe der Novelle

*Kleider machen Leute* erscheint zwar erstmals 1874 in der Novellensammlung *Die Leute von Seldwyla*, die Handlung spielt jedoch schon etwa vierzig Jahre zuvor. Darauf deutet auch die Anmerkung des Erzählers hin, dass auf dem Gut des Amtsrates Lieder gesungen werden, „die in den dreißiger Jahren Mode waren." (S. 24) Wenzel kann sogar ein polnisches Liedchen beisteuern, das er bei der Arbeit dort aufgeschnappt hat. Obwohl Nettchen aufgrund mangelnder Sprachkenntnisse nichts davon versteht, kommentiert sie hingerissen: „Ach, das Nationale ist immer so schön!" (S. 24)

Der Schriftsteller Gottfried Keller sympathisiert mit der polnischen Nationalbewegung Mitte des 19. Jahrhunderts, die für die Unabhängigkeit vom Russischen Kaiserreich kämpft.

1830 kommt es zum sogenannten Novemberaufstand, der zum Ziel hat, aus Polen einen eigenständigen Nationalstaat zu machen. Die übermächtige russische Armee schlägt diesen sowie die 1846 und 1863 folgenden Aufstände nieder. Viele Polen flüchten daher in andere europäische Länder wie die Schweiz. Das Bildungsbürgertum dieser Länder ist solidarisch mit den Aufständischen. Keller selbst ist im 1863 gegründeten schweizerischen Unterstützungskomitee tätig, das sich hauptsächlich um die Versorgung der Geflohenen kümmert.

Vor diesem Hintergrund lassen sich weitere Bemerkungen in der Novelle besser verstehen.

So denkt etwa Melcher Böhni beim Kartenspiel: „Der Mann dort hat mir so wunderlich zerstochene Finger, vielleicht von Praga oder Ostrolenka her!" (S. 20) Obwohl Melcher Böhni misstrauisch ist, erklärt er sich die vom häufigen Gebrauch der Nähnadel zerstochenen Finger Wenzel Strapinskis damit, dass dieser möglicherweise bei Kampfhandlungen in Praga und Ostrolenka verwundet wurde. Das ist auch ein Beispiel dafür, wie die Gesellschaft sich alles zurechtlegt, damit es in das Bild des Grafen passt; schließlich sehen Schneiderfinger wohl kaum wie die eines adeligen Widerstandskämpfers aus.

Wenzel bestärkt sie in dieser Meinung, indem er behauptet: „Man muß meine Spur verlieren für einige Zeit" (S. 25), als der Waagen-Wirt seinem verlorenen Gepäck einen Eilboten hinterherschicken will. Dabei will er nur vertuschen, dass sein Reisegepäck nur aus einem wenig gräflichen kleinen Bündel besteht. Prompt berichtet der Wirt den anderen Gästen davon und fügt hinzu, „daß der Graf unzweifelhaft ein Opfer politischer oder der Familienverfolgung sein müsse; denn um eben diese Zeit wurden viele Polen und andere Flüchtlinge wegen gewaltsamer Unternehmungen des Landes verwiesen; andere wurden von fremden Agenten beobachtet und umgarnt." (S. 25 f.)

Daher kommt dem vermeintlichen polnischen Grafen, der immerhin gebürtiger Schlesier ist und daher sogar einen passenden Namen trägt, von den meisten eine Welle der Sympathie und des Mitgefühls entgegen.